Frances Mackay

Weihnachten für alle Fächer

Über 100 Arbeitsblätter für die Grundschule

Nach der neuesten Fassung der Rechtschreibregeln – gültig ab August 2006!

Bestseller

Verlag an der Ruhr

Impressum

Titel der englischen Originalausgabe:
Teacher Timesavers – Christmas

© der englischen Originalausgabe:
Scholastic Publications Ltd., 1992

Titel der deutschen Ausgabe:
Weihnachten für alle Fächer
Über 100 Arbeitsblätter für die Grundschule

Autorin:
Frances Mackay

Illustrationen:
Tony O'Donnel, Liz Thomas, Joanne Boden

Titelbildmotiv:
Olaf Faustmann, Wuppertal

Übersetzung:
Volker Pruß (I.M.A.G.E., Essen)

Bearbeitung für Deutschland:
Verlag an der Ruhr

Druck:
Druckerei Uwe Nolte, Iserlohn

geeignet für die Klasse 1 2 3 4 5

Verlag:
Verlag an der Ruhr
Alexanderstraße 54 – 45472 Mülheim an der Ruhr
Postfach 10 22 51 – 45422 Mülheim an der Ruhr
Tel.: 02 08/439 54 50 – Fax: 02 08/439 54 239
E-Mail: info@verlagruhr.de
www.verlagruhr.de

© der deutschen Ausgabe
Verlag an der Ruhr 2006

ISBN 10: 3-8346-0208-6 (bis 12/2006)
ISBN 13: 978-3-8346-0208-4 (ab 2007)

Gedruckt auf chlorfrei gebleichtes Papier.

Die Schreibweise der Texte folgt der neuesten Fassung der Rechtschreibregeln – gültig ab August 2006.

Inhaltsverzeichnis

Liebe LehrerInnen,

alle Jahre wieder freuen sich Kinder auf Weihnachten. Und alle Jahre wieder überlegen wir aufs Neue, wie wir Weihnachten mit dem regulären Unterricht verknüpfen können. Wenn Sie das Thema „Weihnachten" nicht zu einer ganzen Unterrichtsreihe machen möchten, sondern Anregungen, Aufgaben und Spielereien für zwischendurch suchen, werden Sie hier eine reichhaltige Materialauswahl vorfinden.

Dieser Band hält Übungen und Aktivitäten quer durch die vier Fächer **Deutsch**, **Mathematik**, **Kunst** und **Sachunterricht** bereit. Die unter diesen Fächern zusammengefassten Arbeitsblätter entsprechen unterschiedlichen Anforderungsstufen, sodass sie in allen vier Grundschuljahren eingesetzt werden können. Aufgaben, die sich für den Religionsunterricht eignen, ziehen sich durch das gesamte Buch. Sie beziehen sich vornehmlich auf die christlichen Weihnachtsbräuche, sind aber auch durchaus dazu geeignet, (eventuell mit der einen oder anderen Veränderung) auch andere Religionen mit ihren typischen Weihnachtsbräuchen einzubeziehen.

Im Folgenden finden Sie einige Hinweise zur Arbeit mit den Materialien sowie Ideen zur Fortführung der Aufgaben.

Deutsch

✪ **Brief an den Weihnachtsmann** (S. 13)

Die Briefe an den Weihnachtsmann können zu einer Ausstellung oder in einem Buch zusammengestellt oder tatsächlich an den Weihnachtsmann geschickt werden.

✪ **Rudolfs Weihnachtsfest** (S. 14)

Bei dieser Übung können die Schüler in die Rolle eines anderen schlüpfen, um einen neuen Blickwinkel einnehmen zu können. Erzählen Sie den Kindern ggf. zum Einstieg eine Geschichte über Rudolf das Rentier.

✪ **Weihnachtsgeschichte in Bildern** (S. 15)

Die Übung kann auf verschiedenen Anforderungsstufen ausprobiert werden. Sie hilft den Kindern dabei, ihre Geschichten zu planen und zu strukturieren. Wenn Sie diese Übung mit bekannten Geschichten durchführen, können Sie den Schülern leichter vermitteln, wie sich eine Erzählung entwickelt. Die kleinen Zeichnungen oder Skizzen sollen den Kindern dabei helfen, die verschiedenen Figuren und Szenen genauer und ausführlicher zu beschreiben.

✪ **Weihnachten bei mir zu Hause** (S. 16)

Bei dieser Übung sollen die Kinder über ihre Art, Weihnachten zu feiern, nachdenken und die Traditionen und Gebräuche zu Weihnachten bewusst wahrnehmen. Die fertigen Texte können zu einer Ausstellung oder zu einem Buch (z.B. in der Form eines Hauses) zusammengestellt werden.

✪ **Weihnachtliches ABC** (S. 17)

Fertigen Sie von dieser Vorlage vergrößerte Kopien an, damit die Kinder mehr Platz zum Schreiben haben. Die Umrisse der Buchstaben können auf Projektorfolie gepaust werden. Mit den vergrößerten Buchstaben kann ein Wandbild erstellt werden.

✪ **Mein schönstes Weihnachtsfest** (S. 18)

Beginnen Sie diese Übung mit einem Gespräch über die Vorstellungen und Erfahrungen der Kinder. Der Wortspeicher wird den Kindern helfen, sich auszudrücken, und bietet ihnen Anregungen für kreatives Schreiben.

✪ **Ein Weihnachtsrätsel** (S. 19)

Dieses Rätsel ist leicht zu lösen und eignet sich daher auch für jüngere Kinder und SchülerInnen mit Lernschwächen.

✪ **Geräusche zur Weihnachtszeit** (S. 20)

Verbinden Sie diese Aufgabe mit weiteren Übungen zum Thema „Geräusche". Spielen Sie Kindern verschiedene Geräusche vor oder lassen Sie sie selbst welche erzeugen und aufnehmen.

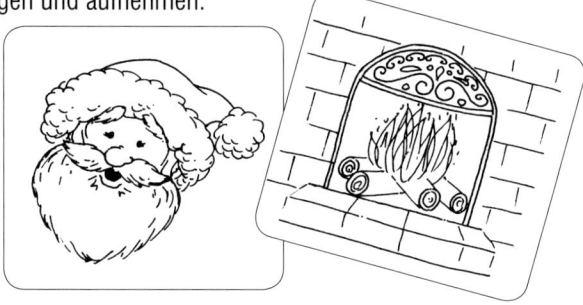

✪ **Ein Weihnachtsgedicht** (S. 21)

Die Kinder werden sicherlich etwas Übung brauchen, ehe sie eigene Akrostichen verfassen können. Sie können auch zunächst einfache Akrostichen schreiben, bei denen sie zu jedem Buchstaben nur ein Wort finden müssen. Lassen Sie die Kinder ein Wörterbuch benutzen, indem sie nach Wortanregungen suchen können.

✪ **Wissen über Weihnachten** (S. 22)

Diese Übung hilft Kindern ihr Wissen über Weihnachten zu prüfen und zu ordnen und bietet einen Anreiz für weitere Nachforschungen.

✪ **Kugelpuzzle** (S. 23)

Lassen Sie die Kinder weitere Wörter mit zugehörigen Wortbedeutungen suchen, um eigene Kugelpuzzles zu basteln.

✪ **Weihnachtswörter** (S. 24)

Erstellen Sie ein attraktives Wortposter, indem Sie die Kinder ihre Entwürfe vergrößern und dann bunt ausmalen lassen.

Vorwort

Das S-Rätsel (S. 25)

Lösung des Rätsels:

Waagerecht: 2. Stall, 4. Stroh, 6. Stern, 7. Stimmung. Senkrecht: 1. Schlitten, 2. Schnee, 3. Schutz, 5. singen. Suchen Sie mit den Kindern Wörter, die denselben Anfangsbuchstaben oder dieselbe Endung haben oder ineinander übergehen. Die Kinder könnten versuchen, eigene Rätsel zu basteln oder Stabreime und Alliterationen zu finden.

Ein Weihnachtscomic (S. 26)

Mit dieser Übung können Sie auch schreibunwillige Kinder ermuntern, eine Geschichte zu schreiben. Die Kinder müssen sich die Zeichnungen genau anschauen und verschiedene Vermutungen anstellen, um die Geschichte erzählen zu können. Bitten Sie sie dann, ihre Geschichten zu tauschen und miteinander zu vergleichen. Sind alle zum selben Schluss gekommen?

Die allererste Weihnacht (S. 27)

Die Kinder können die Bilder ausschneiden, anmalen und in ihr Heft kleben. Anschließend erzählen sie die Geschichte. Alternativ können auch kleine Büchlein erstellt werden. Auf jede Seite kleben die Kinder ein Bild und schreiben einen passenden Text dazu.

Suche ein anderes Wort (S. 28)

Diese Übung soll die Kinder dazu ermuntern, mit einem Wörterbuch oder mit einem Computerthesaurus zu arbeiten. Lassen Sie die Kinder die verschiedenen Antworten miteinander vergleichen, um herauszufinden, wie viele verschiedene Wörter es mit gleichen oder ähnlichen Bedeutungen gibt. Die Wörter können dann auf Karteikarten geschrieben oder geklebt werden, um so einen Wortspeicher aufzubauen.

Spaß mit Weihnachtswörtern (S. 29)

Die entschlüsselten Wörter lauten: Weihnachtsgans, Kerzen, Geschenk, Christbaum, Hirte, Bescherung. Lassen Sie die Kinder eigene verschlüsselte Wörter (Schüttelrätsel) erfinden und von ihren MitschülerInnen entschlüsseln.

Weihnachtssuchsel (S. 30)

Mit dieser Übung prägen sich den Kindern die gebräuchlichen Wörter zur Weihnachtszeit ein. Ältere oder leistungsstärkere Kinder können auch eigene Suchrätsel entwickeln.

Die Weihnachtsgeschichte als Kreuzworträtsel (S. 31)

Dieses Rätsel basiert auf der Weihnachtgeschichte und kann deshalb auch im Religionsunterricht eingesetzt werden. *Die fehlenden Wörter lauten in der Reihenfolge im Text:* Abend, Geburt, Stern, Stall, Bethlehem, Maria, Josef, Herberge, Drei, Morgenland, Geschenke, Sohn, Weihrauch, Gold, Jesus, Stroh, Krippe.

Weihnachtliches Wortpuzzle (S. 32)

Sie können den Kindern eine Hilfe zur Selbstkontrolle geben, indem Sie das Rätsel als Schablone auf eine Folie kopieren und ausfüllen.

Ein Weihnachtsmärchen (S. 33)

Die Kinder sollten ihre Antworten untereinander austauschen und miteinander vergleichen, da verschiedene Antworten möglich sind. Ob sie die Geschichte verstanden haben, wird dann in ihren Zeichnungen deutlich werden. *Mögliche Lösungen für die fehlenden Wörter sind:* einmal, Geräusch, schaute, draußen, kam, Tür, klopfte, Mann, Gesicht, Mutter, Tür, öffnete, Angst, Kätzchen, Schwanz, Kätzchen, Weihnachten, Mann, Kaffee. Ermuntern Sie die Kinder, sich eigene Geschichten auszudenken und sie als Lückentext aufzuschreiben. Dann können sie die Geschichten untereinander austauschen und versuchen, die fehlenden Wörter zu erraten.

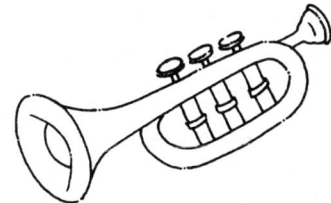

Mathematik

Wie viele? (S. 34)

Machen Sie unter den Kindern eine Umfrage, wie viele von ihnen diese Spielzeuge besitzen. Dann können die Kinder das Ergebnis in einem einfachen Diagramm darstellen.

Stutenkerle (S. 35)

Fertigen Sie von dieser Vorlage vergrößerte Kopien an, damit die Kinder mehr Platz zum Zeichnen der Knöpfe haben.

Alles bunt (S. 36)

Fertigen Sie von dieser Vorlage vergrößerte Kopien an, damit die Kinder mehr Platz zum Ausmalen haben.

✪ **Zwei mehr** (S. 37)

Hier werden den Kindern einfache Additionsaufgaben bildlich veranschaulicht. Die Kinder können im Anschluss nach demselben Muster auch eigene Aufgaben im Heft erfinden, indem sie Gegenstandsreihen in zwei verschiedenen Farben zeichnen.

✪ **Geometrische Figuren** (S. 38)

Hier gelangen Kinder zu ersten Einsichten im Bereich der Geometrie. Die Begriffe und die Merkmale der geometrischen Figuren sollten vorher besprochen werden.

✪ **Welcher Weg führt zum Stall in Bethlehem?** (S. 39)

Lassen Sie die Kinder eigene Labyrinthe entwickeln.

✪ **Der große Tag des Weihnachtsmannes** (S. 40)

Je nach Fähigkeiten der Kinder können Sie auch schwierigere Uhrzeiten vorgeben oder die Zeit digital anzeigen. Leistungsstärkere oder ältere Kinder können auch berechnen, wie lange der Weihnachtsmann für die jeweiligen Tätigkeiten braucht.

✪ **Von Punkt zu Punkt** (S. 41)

Vor dem Zeichnen können die Kinder ihre Lösungen gegenseitig überprüfen oder miteinander vergleichen.

✪ **Wie viele Pakete bleiben übrig?** (S. 42)

Hier finden Sie einfache Subtraktionsaufgaben ohne Zehnerübergang in einem situativen Kontext. Leistungsschwächeren Kindern kann ein Abakus bei der Lösung helfen.

✪ **Weihnachtsgeschenke** (S. 43)

Lassen Sie die Ergebnisse auch als Tortendiagramm darstellen. Eine „echte" Umfrage motiviert die SchülerInnen zusätzlich.

✪ **Sternenpuzzle** (S. 44)

Im Anschluss an diese Übung können Sie mit den Kindern Tangram spielen. Es wird den Kindern auch Spaß machen, andere weihnachtliche Figuren zu zeichnen und daraus Puzzles zu erstellen.

✪ **Christbaumlichter** (S. 45)

Jedes Kind wird mehrere Kopien des Arbeitsblatts benötigen, um die richtige Anzahl der möglichen Kombinationen herauszufinden. Damit die Lösungen miteinander verglichen werden können, sollten alle Kinder dieselben drei Farben benutzen.

✪ **Der richtige Weg** (S. 46)

Die Lösung:

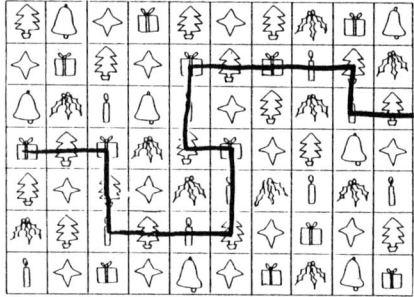

✪ **Farbige Brüche** (S. 47)

Kopieren Sie die Figuren auf Kartonpapier. Ausgeschnitten können sie dann zum Dekorieren oder als Puzzle benutzt werden.

✪ **Das Schneemann-Rätsel** (S. 48)

Lassen Sie die Kinder eigene Zahlenrätsel entwickeln.

✪ **Weihnachten im Koordinatennetz** (S. 49)

Achtung: Die Koordinaten liegen auf den Schnittstellen und nicht innerhalb der Quadrate. Die Punkte müssen in der Reihenfolge verbunden werden, in der sie angegeben sind.

✪ **Weihnachtssonderangebote** (S. 51)

Diese Übung ist nur für Kinder geeignet, die bereits einfache Prozentrechnungen beherrschen. Im Anschluss können die Kinder eigene Werbeanzeigen entwickeln und von ihren MitschülerInnen ausrechnen lassen.

✪ **Rechenrätsel** (S. 52)

Lassen Sie die Kinder eigene Zahlenbilder entwickeln.

✪ **Weihnachtseinkäufe** (S. 53)

Diese Übung enthält Additionsaufgaben mit zwei Kommastellen. Im Anschluss können die Kinder auch eigene „Einkaufskörbe" entwickeln.

Sachunterricht

✪ **Weihnachtliches Fragespiel** (S. 54)

Diese Übung trainiert das Wahrnehmungs- und Merkvermögen der Kinder. Machen Sie mit ihnen einen weihnachtlichen Spaziergang und fordern Sie sie auf, dabei auf alle weihnachtlichen Dekorationen, Symbole und Gegenstände zu achten.

✪ **Kleine Materialkunde** (S. 55)

Halten Sie ähnliche Gegenstände wie die abgebildeten für die Kinder bereit, damit sie sie ausprobieren bzw. untersuchen können. Machen Sie sie darauf aufmerksam, dass es manchmal mehr als nur eine richtige Antwort geben kann, wenn ein Gegenstand aus verschiedenen Materialien besteht. Fragen Sie die Kinder nach Unterschieden und Ähnlichkeiten zwischen den Materialien und ggf. nach ihrer Herkunft.

❂ **Fußspuren im Schnee** (S. 56)
Bevor sich die Kinder in Büchern kundig machen, sollten sie ihre Vermutungen begründen und diskutieren. Wenn Schnee liegen sollte, können Sie mit den Kindern nach draußen gehen, damit sie verschiedene Fußspuren untersuchen können.

❂ **Sicherheit zur Weihnachtszeit** (S. 57)
Sprechen Sie mit den Kindern über die Gefahren im Haushalt. Entwickeln Sie gemeinsam Sicherheitsvorkehrungen für das Klassenzimmer. Fordern Sie die Kinder auf, auch zu Hause einmal bewusst auf mögliche Gefahren zu achten und besprechen Sie gemeinsam die Ergebnisse.

❂ **Bewegung** (S. 58)
Diese Übung lässt sich auch gut im Deutschunterricht einsetzen. Entwickeln Sie zum Beispiel in Form eines Clusters eine Wortsammlung mit Verben der Bewegung. Sie können mithilfe des Bildes auch eine Wortsammlung zu Geräuschen ergänzen.

❂ **Weihnachtsmusik** (S. 59)
Die Kinder sollten möglichst erst einmal Erfahrungen mit den Instrumenten machen. Mit manchen Instrumenten lässt sich auf unterschiedliche Art und Weise Musik machen. Regen Sie einen Austausch darüber an.

❂ **Weihnachtskerzen** (S. 60)
Setzen Sie die Kerze in ein Fundament aus Knetmasse, das Sie in eine mit Sand gefüllte Schale stellen. Die Kinder sollen genau beobachten, was in dem Moment geschieht, wenn die Kerze brennt. Sie sollten nicht nur mutmaßen, sondern genau beobachten. Welcher Teil der Kerze brennt

tatsächlich? Sprechen Sie mit ihnen über feste Gegenstände, Flüssigkeiten und Gase sowie über Energiefreisetzung.

❂ **Hilfe für die Weihnachtsengel** (S. 61)
Wenn Sie nicht alle benötigten Materialien zur Hand haben, können Sie sie auch durch andere ersetzen. Sprechen Sie mit den Kindern über die Begründungen für ihre Vermutungen, um herausfinden zu können, was sie bereits über den Magnetismus wissen.

❂ **Ein wasserdichter Sack für den Weihnachtsmann** (S. 62)
Für eine genaue Untersuchung der Stoffbeschaffenheit sollten Sie Lupen zur Verfügung stellen. Die Kinder sollten ihre Beobachtungen kommentieren. Sprechen Sie mit ihnen darüber, wie ein objektiver Test ablaufen muss. Die Kinder sollten sich überlegen, ob es dafür nötig ist, dass alle Stoffstücke dieselbe Größe haben und dass auf alle dieselbe Anzahl Tropfen geträufelt wird. Lassen Sie die Kinder Mäntel auf Wasserdichte überprüfen und darüber diskutieren, wie uns Kleidung schützt.

❂ **Wir untersuchen einen Tannenzweig** (S. 63)
Für eine genaue Untersuchung sollten Sie Lupen zur Verfügung stellen. Lassen Sie die Kinder Tannen- mit Fichtenzweigen o.Ä. vergleichen.

❂ **Elektrische Weihnachtskerzen** (S. 64)
Erklären Sie den Kindern, dass Batteriestrom relativ gefahrlos zu handhaben ist, dass aber Netzstrom äußerst gefährlich ist. Es ist wichtig, dass die Kinder die Abbildungen aufmerksam betrachten, um erkennen zu können, wo genau die Drähte angeschlossen sind. Die Stromkreise 2 und 4 werden die Birne leuchten lassen. Sprechen Sie mit den Kindern über die Begründungen für ihre Vermutungen. Wenn die Kinder ihre Stromkreise

zeichnen, besprechen Sie mit ihnen die Stärke und Richtung des Stroms. (Die Stromstärke ist überall gleich und der Strom fließt im Kreis.) Lassen Sie die Kinder eine leuchtende Birne genau beobachten, damit sie erkennen können, wie sie funktioniert.

❂ **Der jährliche Gesundheitstest des Weihnachtsmannes** (S. 65)
Üben Sie mit den Kindern, wie sie den Puls selbst finden und messen können. Die Kinder können zu zweit ihre Messungen vornehmen, während Sie die Zeit stoppen. Sprechen Sie mit den Kindern auch über andere Körperteile und ihre Funktionen.

❂ **Spielzeug** (S. 66)

Die Übung dient zur Einführung in die Kartenkunde, indem die Kinder lernen, vom abstrakten Umriss auf einen konkreten Gegenstand o.Ä. zu schließen. Zeichnen Sie die Umrisse von Gegenständen im Klassenzimmer und lassen Sie die Kinder raten, worum es sich jeweils handelt.

❂ **Geschenke verpacken** (S. 67)

Lesen Sie den Kindern zuerst die Anweisungen laut vor und erklären Sie wenn nötig, was sie bedeuten. Üben Sie mit verschiedenen Spielen das Befolgen von Richtungsanzeigen.

❂ **So sieht's der Weihnachtsmann** (S. 69)

Diese Übung setzt die vorherige Aktivität fort. Üben Sie mit den Kindern zuerst, Gegenstände von oben zu betrachten. Lassen Sie die Kinder eine Draufsicht des Klassenzimmers entwerfen und einander testen, ob sie die tatsächlichen Gegenstände auf dem Plan wiederfinden.

❂ **Weihnachten rund um den Globus** (S. 70)

Stellen Sie den Kindern Bücher mit Weihnachtsbräuchen zur Verfügung. Sprechen Sie mit den Kindern über die Hinweise, an denen sie ein bestimmtes Land erkannt haben. Bitten Sie die Kinder, die jeweiligen Länder auf der Landkarte wiederzufinden. Sprechen Sie mit den Kindern darüber, warum zur selben Jahreszeit rund um den Globus völlig unterschiedliche Wetterbedingungen herrschen.

❂ **Wo hält der Weihnachtsmann zuletzt?** (S. 71)

Lassen Sie die Kinder eine Karte des Schulgeländes zeichnen. Dann sollen sie die Richtungen angeben, wie man zu einem bestimmten Ort in der näheren Umgebung der Schule gelangt. Lassen Sie dann die Zeichnung der Karte auf die nähere Umgebung ausweiten. Die Richtungsangaben links und rechts können auch im Sportunterricht geübt werden.

❂ **Die Engel räumen auf** (S. 72)

Bei der Arbeit mit Koordinaten sollten Sie betonen, dass die Positionen zuerst an der x-Achse (hier Buchstaben) und dann an der y-Achse (hier Zahlen) abgelesen werden. Lassen Sie einen Grundriss des Klassenzimmers zeichnen und mit einem Koordinatennetz überziehen. Dann können Sie bestimmte Einrichtungsgegenstände mit Hilfe der Koordinaten bestimmen lassen.

❂ **Die Weihnachtsinsel** (S. 73)

Jede Reisebewegung muss in einer geraden Linie von einem Punkt der Karte zum nächsten gemessen werden.

❂ **Weihnachtspost** (S. 74)

Für diese Übung benötigen die Kinder einen Atlas. Bitten Sie die Kinder herauszufinden, welche Zustellzeiten die verschiedenen Länder haben. Dann sollen sie bestimmen, wann ein Brief in einem bestimmten Land ankommt. Bitten Sie die Kinder, sich ein bestimmtes Land auszusuchen, von wo aus sie dann Briefe an die anderen schreiben, in denen sie schildern, wie das Wetter ist, wie das Land aussieht und welche Bräuche dort zu Weihnachten gepflegt werden.

❂ **Die Karte von Palästina** (S. 75)

Zeigen Sie den Kindern, wie sie mit Hilfe von Stecknadeln und einem Faden genau die Küstenlinie nachziehen und so ihre Länge ausmessen können. Danach können sie den Faden an ein Lineal legen und die gemessene Länge entsprechend der Maßstabangabe berechnen. Schauen Sie sich mit den Kindern alte Karten von Palästina an und vergleichen Sie sie mit heutigen. Welche Ortsnamen haben sich verändert? Wie haben sich die Grenzen verändert? Worauf ist das wohl zurückzuführen?

❂ **Der Weihnachtsmann besucht Meierstadt** (S. 76)

Bitten Sie die Kinder, ihre Antworten zu vergleichen, um herauszufinden, wie viele verschiedene Möglichkeiten sie gefunden haben, wie man von einem zum anderen Ort gelangen kann. Welche Wörter und Wortarten wurden benutzt? Welcher Weg ist wirklich der kürzeste?

❂ **Mit dem Weihnachtsmann rund um den Globus** (S. 77)

In dieser Übung trainieren die Kinder ihre Fertigkeiten im Kartenlesen. Sprechen Sie mit den Kindern über die Unterschiede zwischen den Ländern zur Weihnachtszeit in Hinsicht auf das Wetter, die Kleidung, die Uhr- und Jahreszeit sowie die Sprache.

❂ **Die Geburt Jesu** (S. 78)

In dieser Übung lernen die Kinder, was Erzählsequenzen sind. Falls nötig, erzählen Sie ihnen vorher die Geschichte von der Geburt Jesu. Ermuntern Sie die Kinder, zu jedem Bild etwas zu schreiben und die Texte dann zu einem kleinen Büchlein zusammenzustellen.

❂ **Alt oder neu?** (S. 79)

Für diese Übung wäre es hilfreich, wenn Sie den Kindern altes und neues Spielzeug mitbrächten. Sprechen Sie mit den Kindern über die Kriterien, woran man ein altes von einem neuen Spielzeug unterscheiden kann. Bitten Sie die Kinder, einmal darüber nachzudenken, was „alt"

eigentlich bedeutet. Vergleichen Sie die Antworten, die Kinder unterschiedlichen Alters gegeben haben.

✪ **Biblische Kleidung** (S. 80)
Untersuchen Sie mit den Kindern die verschiedenen Bekleidungsarten rund um den Globus. Sie können stattdessen auch die verschiedenen Bekleidungsarten im eigenen Land untersuchen.

✪ **Eine weihnachtliche Zeitleiste** (S. 81)
Diese Übung wird den Kindern helfen zu verstehen, was Chronologie bedeutet und was eine Zeitleiste ist. Lassen Sie die Kinder eine große Zeitleiste für die Wand des Klassenzimmers basteln, auf der dann noch mehr Weihnachtsbräuche und Ereignisse mit jeweiliger Jahreszahl eingetragen werden können.

✪ **Tatsache oder Meinung?** (S. 82)
Sprechen Sie mit den Kindern über den Unterschied zwischen einer Tatsache und einer Meinung. Sind alle geschichtlichen Überlieferungen wirklich wahr? Untersuchen Sie mit den Kindern verschiedene Darstellungen desselben historischen Ereignisses, um ihnen zu zeigen, dass Geschichte oft davon abhängig ist, welche Meinung jemand vertritt.

✪ **Weihnachtliches Kreuzworträtsel** (S. 83)
Stellen Sie den Kindern für diese Übung Bücher zum Thema Weihnachten zur Verfügung.
Die Lösung des Rätsels:
Waagerecht: 2. Palaestina, 7. Drei, 10. Stille Nacht, 11. Esel, 12. Tuch, 14. Gabriel, 17. Karten, 19. Luther, 21. Ren, 22. Nazareth, 24. Engel, 25. Tannenbaum, 26. Gans, 27. Herodes. *Senkrecht:* 1. Liebe, 3. Spiel, 4. Israeliten, 5. Arche, 6. Adventskranz, 8. Stollen, 9. Klang, 13. Christkind, 15. Bethlehem, 16. Schnee,

18. Ei, 20. Dezember, 22. Nase, 23. Helau, 25. Tag. Ermuntern Sie die Kinder, selbst ein kleines Weihnachtsrätsel zu basteln.

✪ **Weihnachten zu Omas und Opas Zeiten** (S. 84)
Bitten Sie die Kinder, auch ihre Eltern zu befragen, um dann einen Generationenvergleich vornehmen zu können. Die Ergebnisse können als Diagramm dargestellt werden.

✪ **Weihnachtskarten** (S. 85)
Welche Schlüsse kann man ziehen, wenn man sich alte Weihnachtskarten anschaut? Versuchen Sie, möglichst alte Karten aufzutreiben, damit die Kinder sie mit modernen vergleichen können.

✪ **Der Fall „Weihnachten"** (S. 86)
Die Kinder werden vermutlich die Bibel und andere Bücher zum Thema benötigen.

✪ **Weihnachtsbräuche** (S. 87)
Die Kinder werden vermutlich verschiedene Bücher zu diesem Thema benötigen. Wenn die Fragen und Antworten auf die Vorder- und Rückseiten von Karteikärtchen geschrieben werden, können die Kinder ein kleines Ratespiel veranstalten.

✪ **Die Weihnachtsgeschichte** (S. 88)
Dieser Textausschnitt kann auch bei der weihnachtlichen Schulfeier vorgetragen werden.

Kunst

✪ **Geschenkanhänger/Namenskärtchen** (S. 89)
Wenn möglich, besorgen Sie einige handelsübliche Geschenkanhänger als Anschauungsobjekte. Sprechen Sie mit den Kindern über die Bedeutung einer deutlichen Beschriftung, des Gebrauchs von Farben und weihnachtlichen Motiven usw.

✪ **Weihnachtliche Briefmarken** (S. 90)
Besorgen Sie eine Auswahl an Briefmarken mit Weihnachts- und anderen Festtagsmotiven. Wenn einige Wohlfahrtsmarken dabei sein sollten, erklären Sie den Kindern deren Bedeutung. Vergleichen Sie Briefmarken aus verschiedenen Ländern. Können die Kinder etwas über die Geschichte der Briefmarke in Erfahrung bringen?

✪ **Weihnachtswerbung** (S. 91)
Zeigen Sie den Kindern Werbeanzeigen aus Zeitschriften und Zeitungen, um ihre Fantasie anzuregen. Diese Übung können Sie gut mit der folgenden kombinieren. Lassen Sie die Kinder große Werbeplakate für die Klassenzimmerwände herstellen.

✪ **Ein neues Spielzeug zu Weihnachten** (S. 92)
Lassen Sie die Kinder eine Auswahl an verschiedenen Spielzeugen mitbringen. Die Meinungsumfrage ist ein wichtiger Teil dieser Übung, da sie die vorhandenen Bedürfnisse deutlich macht und die Fantasie der Kinder anregt. Lassen Sie die Ergebnisse in einem Diagramm darstellen. Bitten Sie die Kinder, ihre Spielzeuge kritisch zu beurteilen. Wie könnten sie verbessert werden? Erweitern Sie die Übung um naturwissenschaftliche Fragestellungen: Wie funktioniert ein bestimmtes Spielzeug?

✪ **Einladungen für eine Weihnachtsparty** (S. 93)
Besorgen Sie einige handelsübliche Einladungskarten, damit die Fantasie der Kinder für eigene Entwürfe angeregt wird. Lassen Sie aus den Entwürfen Einladungskarten für eine Klassenparty machen.

✪ **Weihnachtsdekorationen** (S. 94)
Jedes Kind sollte mehrere Kopien des Arbeitsblatts erhalten. Helfen Sie den Kindern, herauszufinden, wie viele

verschiedene Muster möglich sind. Die fertigen Entwürfe könnten auf Kartonpapier geklebt und aufgehängt werden.

○ **Eine Spielzeugmaschine** (S. 95)
Diese Übung gibt den Kindern die Gelegenheit, ihre Entwürfe entsprechend einer Reihe von bestimmten Anforderungen zu gestalten. Bitten Sie die Kinder, kleine Modelle ihrer Entwürfe zu basteln.

○ **Ein neuer Schlitten für den Weihnachtsmann** (S. 96)
Auch diese Übung gibt den Kindern die Gelegenheit, ihre Entwürfe entsprechend bestimmter Anforderungen zu gestalten. Lassen Sie die Entwürfe kritisch beurteilen, um festzustellen, ob alle Anforderungen wirklich erfüllt wurden. Die Kinder können auch Modelle ihrer Schlitten herstellen.

○ **Adventskalender-Vorlage** (S. 97/98)
Der Kalender wird haltbarer, wenn die Vorlage auf dünnes weißes Kartonpapier kopiert wird. Erklären Sie den Kindern, warum es wichtig ist, die Bilder zu malen, bevor die Fenster hineingeschnitten werden. Sobald die Kinder verstanden haben, wie solche Kalender gemacht werden, wollen sie sicherlich ihre eigenen entwerfen. Wenn sie Streichholzschachteln hinter den Fenstern anbringen, können sie ihren Kalender mit kleinen Geschenken/ Süßigkeiten füllen.

○ **Eine Weihnachtsfaltkarte** (S. 99)
Geben Sie den Kindern vergrößerte Kopien dieser Vorlage. Mit Hilfe dieser einfachen Methode können die Kinder nach eigenen Entwürfen Faltkarten basteln.

○ **Eine Laterne** (S. 101)
Kopieren Sie die Vorlage auf Kartonpapier. Die Laternen werden noch schöner, wenn Vorder- und Rückseite bemalt werden, sodass sowohl das Äußere wie das Innere der Laternen dekoriert ist. Erlauben Sie den Kindern, ihre Laternen mit Glitzerfolie, Perlen, Bändern usw. zu dekorieren.

○ **Weihnachtliche Lesezeichen** (S. 102)
Diese Lesezeichen werden die Kinder vermutlich anregen, eigene zu entwerfen. Nutzen Sie dies für eine Diskussion über mögliche Formen, Längen, Muster usw.

○ **Weihnachtsmann-Mobile** (S. 103)
Geben Sie den Kindern vergrößerte Kopien dieser Vorlage. Fordern Sie die Kinder auf, eigene Mobiles mit beweglichen Teilen und strukturierten Oberflächen zu entwerfen.

○ **Eine Weihnachtskrippe** (S. 104–106)
Lassen Sie die Kinder einen Stall aus Kartonpapier basteln, bemalen oder mit buntem Papier bekleben, mit Stroh auslegen und entsprechend dekorieren.

○ **Weihnachtsalphabet** (S. 107)
Wenn den Kindern die Ideen ausgehen, können Sie ihre Fantasie erneut anregen, indem Sie ihnen das Thema Winter vorschlagen. Wenn Sie mit vergrößerten Buchstaben arbeiten, lässt sich daraus ein Wandbild machen. Die Vorlagen eignen sich auch für Stickereien oder Collagen.

○ **Weihnachtliches Papier** (S. 108)
Anstatt einfach immer nur dasselbe Muster zu wiederholen, können die Kinder es rotieren lassen oder spiegeln und so einen lebendigen Effekt erzeugen. Oder vielleicht wollen die Kinder auch eigene Entwürfe verwenden. Mit Gold- und Silberfilzstiften oder Glitzerpapier kann ein funkelnder Effekt erzielt werden.

Vorlagen

Dieses Kapitel enthält unterschiedliche Figuren. Sie eignen sich als Anregung für eine Vielzahl von Übungen und Aktivitäten. Die folgenden Vorschläge lassen sich im Klassenzimmer gut durchführen:

○ Die Figuren können größer kopiert, auf Projektorfolie übertragen und an die Wand projiziert werden.

○ Wenn die Figuren auf schwarzes Kartonpapier gepaust werden, lassen sich Kirchenfensterbilder basteln: Bestimmte Teile werden herausgeschnitten und die Lücken von hinten mit bunter, durchscheinender Folie beklebt. Insbesondere der Weihnachtsmann (S. 118), der Stern und die Kerze (S. 121) eignen sich hierfür.

○ Auf Kartonpapier gepaust, können die Figuren zu Mobiles oder Standfiguren werden.

○ Die Seiten eignen sich auch als Anregung für Diskussionen. So lässt sich z.B. die Weihnachtsszene (S. 109) für ein Gespräch über die Kleidung verwenden oder Sie können über die Funktion der abgebildeten Personen sprechen.

○ Die Seiten werden sicherlich die Kinder dazu anregen, eigene Entwürfe für Vorlagen und Schablonen vorzunehmen.

○ Natürlich können Sie die Vorlagen – am Kopierer verkleinert oder vergrößert – auch für selbstentworfene Arbeitsblätter oder Grußkarten nutzen. Einige der vorlagen können vergrößert auch als Näh-Vorlage genutzt werden. So lässt sich z.B. der Stutenkerl, der Stern oder der Strumpf auch aus Filz gestalten.

Wir wünschen Ihnen eine schöne, kreative Weihnachtszeit und viel Spaß!

Brief an den Weihnachtsmann

© Verlag an der Ruhr · Postfach 10 22 51 · 45422 Mülheim an der Ruhr · www.verlagruhr.de · ISBN 978-3-8346-0208-6

⭐ **Schreibe einen Brief an den Weihnachtsmann.** Gibt es etwas, was du ihn schon immer mal fragen wolltest?

Lieber Weihnachtsmann,

Rudolfs Weihnachtsfest

★ Für Rudolf das Rentier bedeutet Weihnachten jede Menge Arbeit.
Beschreibe das Weihnachtsfest aus seiner Sicht.

© Verlag an der Ruhr ⌂ ⌂ Postfach 10 22 51 ⌂ 45422 Mülheim an der Ruhr ⌂ www.verlagruhr.de ⌂ ISBN 978-3-8346-0208-6

Weihnachtsgeschichte in Bildern

© Verlag an der Ruhr ⦿ Postfach 10 22 51 ⦿ 45422 Mülheim an der Ruhr ⦿ www.verlagruhr.de ⦿ ISBN 978-3-8346-0208-6

 ★ **Denk dir eine eigene ungewöhnliche, traurige, lustige, verrückte ... Weihnachtsgeschichte aus und zeichne die wichtigsten Stationen deiner Geschichte in die fünf Kästchen. Schreibe in Stichpunkten auf die Linien:**

- Wie beginnt deine Geschichte?
- Wer kommt darin vor?
- Wo findet deine Geschichte statt?
- Was ist das wichtigste Ereignis?
- Was geschieht am Ende der Geschichte?

★ **Benutze deine Bilder und Stichpunkte als Gerüst und formuliere die Geschichte im Heft aus.**

Weihnachten bei mir zu Hause

★ **Male oder schreibe darüber, wie Weihnachten bei dir zu Hause gefeiert wird.**

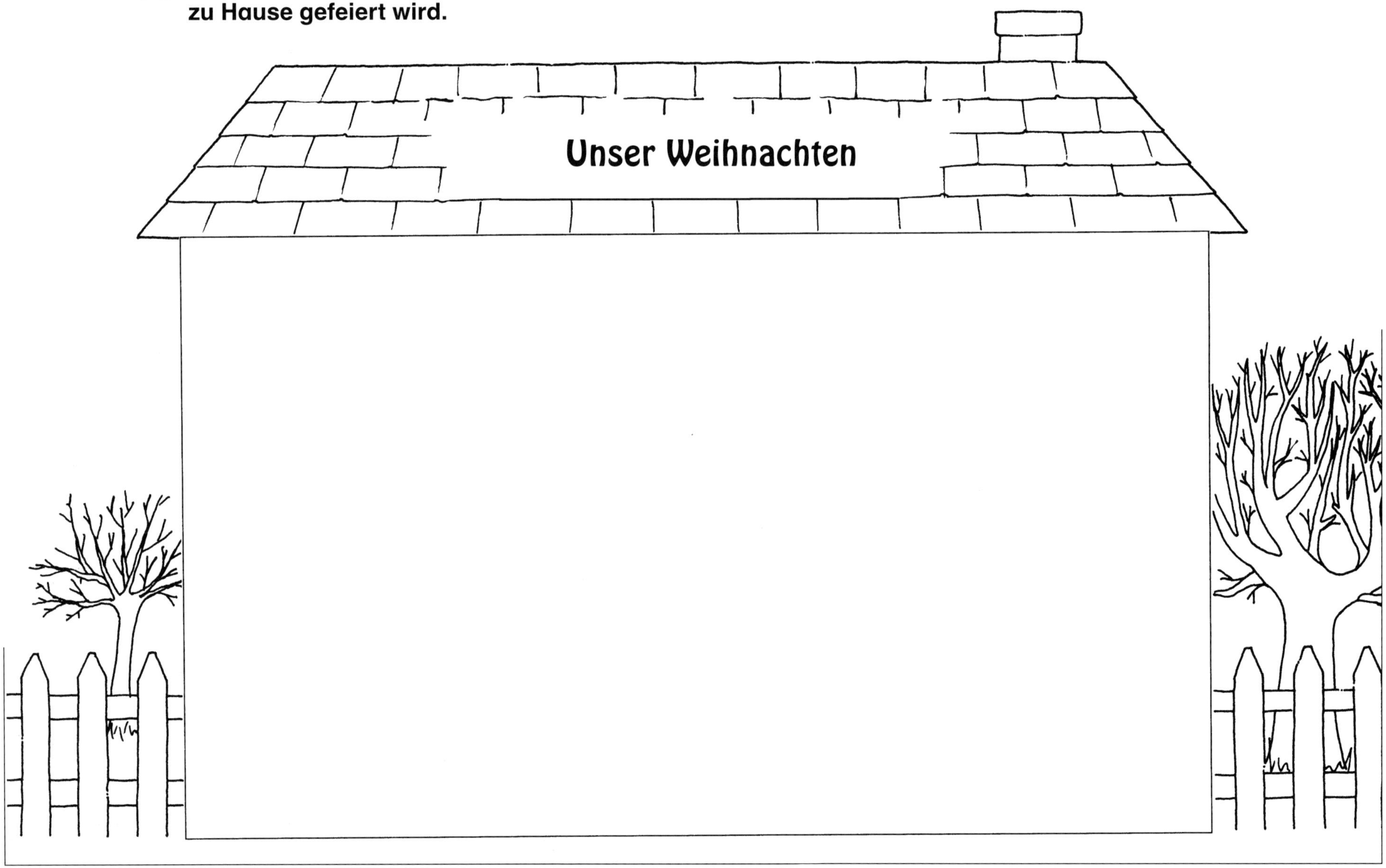

Unser Weihnachten

© Verlag an der Ruhr · Postfach 10 22 51 · 45422 Mülheim an der Ruhr · www.verlagruhr.de · ISBN 978-3-8346-0208-6

Weihnachtliches ABC

© Verlag an der Ruhr ᛫ Postfach 10 22 51 ᛫ 45422 Mülheim an der Ruhr ᛫ www.verlagruhr.de ᛫ ISBN 978-3-8346-0208-6

A   B   C   D   E   F   G

H   I   J   K   L   M   N

O   P   Q   R   S   T   U

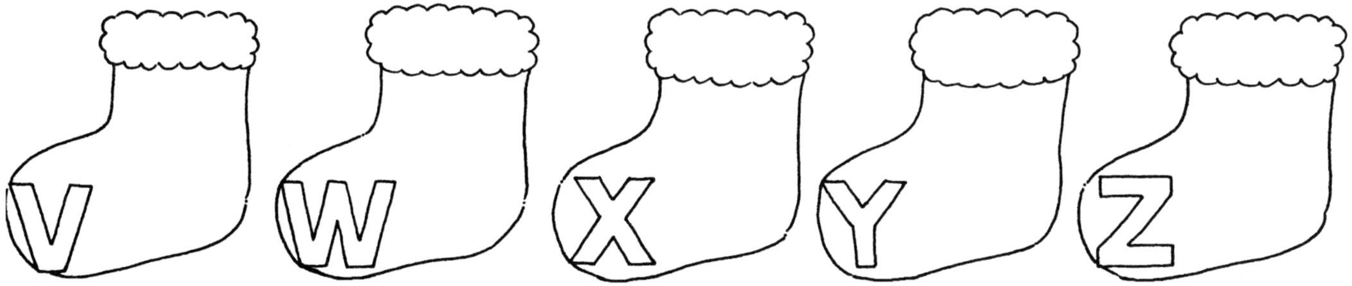

V   W   X   Y   Z

★ Denke dir für jeden Buchstaben einen Gegenstand aus, der etwas mit Weihnachten zu tun hat. Schreibe die Namen der Gegenstände zu den Buchstaben.

Mein schönstes Weihnachtsfest

 Erzähle vom schönsten Weihnachtsfest, das du bisher erlebt hast. Die Wörter aus dem Wortspeicher werden dir dabei helfen.

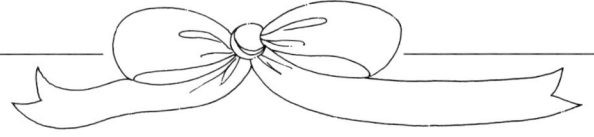

Wortspeicher:

beschenken
Bescherung

Christbaumstollen
Christbaumkugeln
Christkind

Gabentisch
gemeinsam
gemütlich
Geschenk
gespannt
Glöckchen

Heiligabend

Kerze

Lametta
Lichter

neugierig

Plätzchen
Päckchen

Rentier

Süßigkeiten
sich bedanken

Tannenbaum
Tannenbaumschmuck

Überraschung

verpacken

Weihnachtsbaum
Weihnachtslieder
Weihnachtsessen
Weihnachtsmann

© Verlag an der Ruhr 🖂 Postfach 10 22 51 🖂 45422 Mülheim an der Ruhr 🖂 www.verlagruhr.de 🖂 ISBN 978-3-8346-0208-6

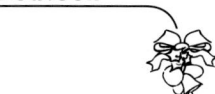

Ein Weihnachtsrätsel

© Verlag an der Ruhr 🔔 Postfach 10 22 51 🔔 45422 Mülheim an der Ruhr 🔔 www.verlagruhr.de 🔔 ISBN 978-3-8346-0208-6

Senkrecht

⭐ **Löse das Rästel.**

Waagerecht

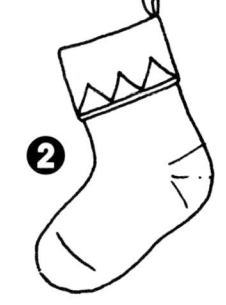

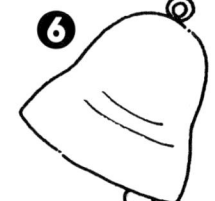

Geräusche zur Weihnachtszeit

Hier sind einige wohlvertraute Geräusche abgebildet, die wir zu Weihnachten hören können.

 Beschreibe diese weihnachtlichen Geräusche:

Das _____ beim Auspacken der Geschenke.

Das _____, wenn wir durch den Schnee gehen.

 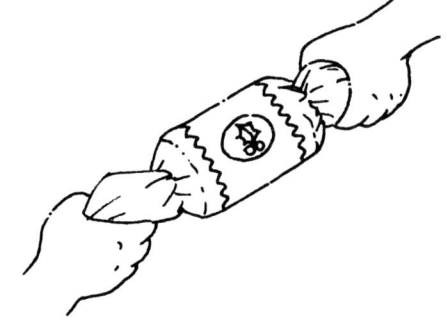

Das _____ eines freudig überraschten Kindes.

Das _____ beim Auspacken einer Süßigkeit.

 Denke dir noch mehr weihnachtliche Geräusche aus. Zeichne und beschreibe die geräuschvollen Gegenstände.

© Verlag an der Ruhr ✿ Postfach 10 22 51 ✿ 45422 Mülheim an der Ruhr ✿ www.verlagruhr.de ✿ ISBN 978-3-8346-0208-6

Ein Weihnachtsgedicht

Ein Gedicht, bei dem die ersten Buchstaben jeder Zeile – senkrecht gelesen – ein neues Wort ergeben, nennt man Akrostichon. Hier findest du ein Beispiel für diese Art von Gedicht:

Willi liebt die Weihnachtszeit.

Er freut sich drauf schon im Advent.

Ist sehr gespannt, was man ihm schenkt:

Heilig Abend! Es ist so weit!

Nun singt er erst noch „Stille Nacht",

Aber dann wird freudig ausgepackt:

Christkind, Dank in Ewigkeit!

Heißa, das ist wirklich nett:

Tolle Geschenke, Spielzeug und Gebäck!

Es vergeht der Abend, es kommt die Zeit,

Nun geht unser Willi gleich zu Bett.

★ **Dichte nun aus diesem Wort ein eigenes Akrostichon:**

C _____

H _____

R _____

I _____

S _____

T _____

K _____

I _____

N _____

D _____

★ **Wenn ihr Lust habt, könnt ihr noch mehr Akrostichen dichten, um damit zum Beispiel Weihnachtskarten zu gestalten.**

© Verlag an der Ruhr ⌂ Postfach 10 22 51 ⌂ 45422 Mülheim an der Ruhr ⌂ www.verlagruhr.de ⌂ ISBN 978-3-8346-0208-6

Wissen über Weihnachten

Wie viel weißt du über Weihnachten? Kennst du die Geschichte von Jesu Geburt? Kennst du unsere Gebräuche zu Weihnachten und die in anderen Ländern? Was würdest du gerne über Weihnachten herausfinden?

 Schreibe auf, was du über Weihnachten weißt und was du noch gerne wissen möchtest.

Was ich schon über Weihnachten weiß

Was ich über Weihnachten wissen möchte

© Verlag an der Ruhr ☆ ✆ Postfach 10 22 51 ☆ ✆ 45422 Mülheim an der Ruhr ☆ ✆ www.verlagruhr.de ☆ ✆ ISBN 978-3-8346-0208-6

Kugelpuzzle

Jeweils ein Bild und die dazu passende Erklärung gehören zusammen.
Male die zusammengehörenden Kugelhälften in der gleichen Farbe aus.

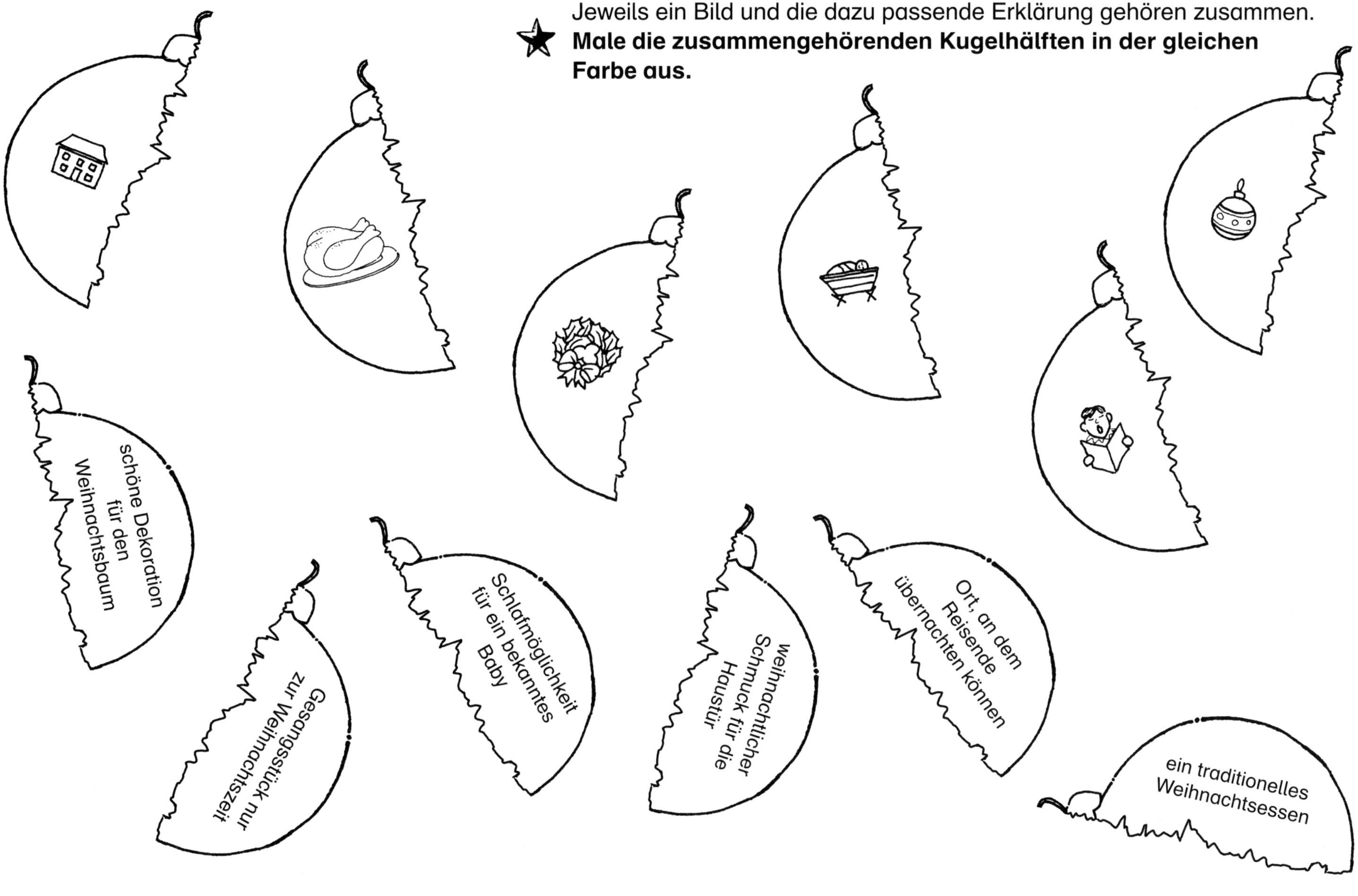

schöne Dekoration für den Weihnachtsbaum

Gesangsstück nur zur Weihnachtszeit

Schlafmöglichkeit für ein bekanntes Baby

weihnachtlicher Schmuck für die Haustür

Ort, an dem Reisende übernachten können

ein traditionelles Weihnachtsessen

© Verlag an der Ruhr · Postfach 10 22 51 · 45422 Mülheim an der Ruhr · www.verlagruhr.de · ISBN 978-3-8346-0208-6

Weihnachtswörter

Diese Weihnachtswörter sind so geschrieben,
dass ihre Bedeutung besonders deutlich wird.

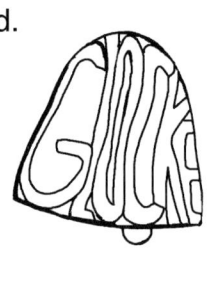

 **Finde noch mehr
Weihnachtswörter und
schreibe sie genauso auf.**
Versuche es mal zunächst mit
diesen Wörtern: Plätzchen,
Tannenbaum, Geschenk,
Lametta.

Lametta

Geschenk

Plätzchen

Tannenbaum

© Verlag an der Ruhr ☎ Postfach 10 22 51 ✳ ☏ 45422 Mülheim an der Ruhr ☏ www.verlagruhr.de ✳ ☏ ISBN 978-3-8346-0208-6

 Weihnachten für alle Fächer

Das S-Rätsel

Alle Lösungen dieses Weihnachtsrätsels beginnen mit dem Buchstaben **S**.

Waagerecht:

❷ Jesus kam in einem (?) zur Welt.

❹ Maria und Josef legten (?) in die Krippe, damit der kleine Jesus weich lag.

❻ Wer zeigte den Heiligen Drei Königen den Weg nach Betlehem?

❼ Spätestens, wenn wir unsere Geschenke auspacken, geraten wir in Weihnachts (?).

Senkrecht:

❶ Fahrzeug des Weihnachtsmanns.

❷ Alle Kinder freuen sich, wenn Weihnachten (?) fällt.

❸ Maria und Josef suchten (?) in einem Stall in Betlehem.

❺ Wir (?) Weihnachtslieder zur Weihnachtszeit.

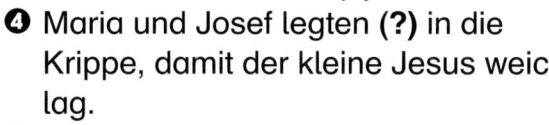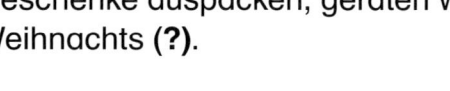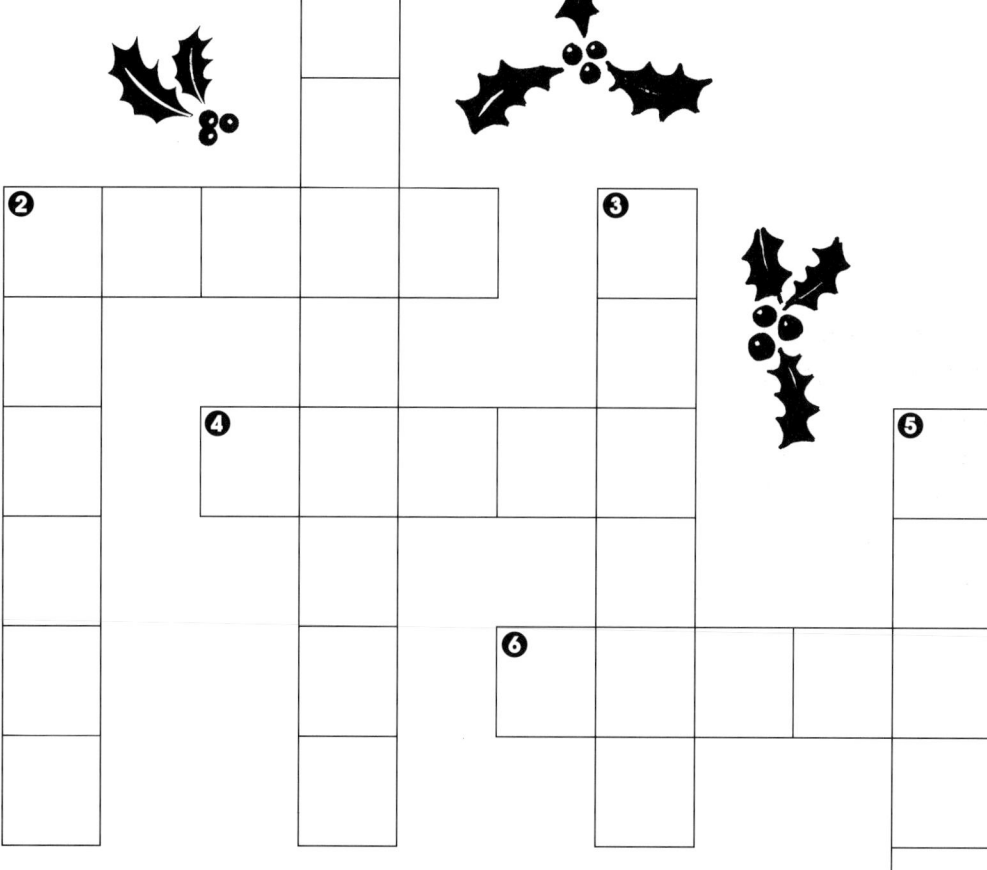

© Verlag an der Ruhr · Postfach 10 22 51 · 45422 Mülheim an der Ruhr · www.verlagruhr.de · ISBN 978-3-8346-0208-6

Ein Weihnachtscomic

 Schreibe in die Sprechblasen, was die Rentiere und
der Weihnachtsmann in dem Comic sagen.
Denke dir einen eigenen Weihnachtscomic aus.

 © Verlag an der Ruhr ☃ Postfach 10 22 51 ☃ 45422 Mülheim an der Ruhr ☃ www.verlagruhr.de ☃ ISBN 978-3-8346-0208-6

Die allererste Weihnacht

 Erzähle mit eigenen Worten die Weihnachts-geschichte. Die Bilder helfen dir dabei.

 Schneide die Bilder aus, klebe sie in dein Heft und schreibe die Geschichte darin auf.

© Verlag an der Ruhr ⌂ Postfach 10 22 51 ⌂ 45422 Mülheim an der Ruhr ⌂ www.verlagruhr.de ⌂ ISBN 978-3-8346-0208-6

Suche ein anderes Wort

 Finde für jeden Begriff auf dieser Seite ein anderes Wort, welches dasselbe bedeutet.

Präsent

_____

Nikolaus

_____

Gasthaus

_____

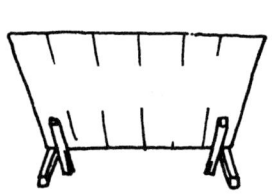

Futtertrog

_____

 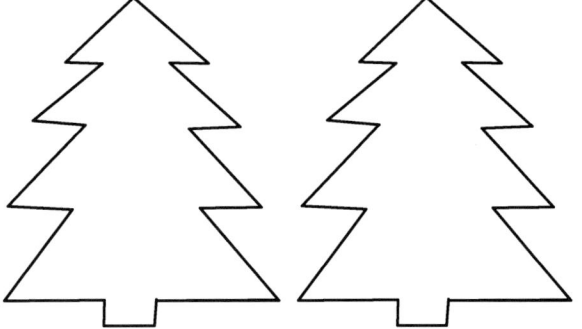

Tannenbaum

_____

Festmahl

_____

© Verlag an der Ruhr ✂ Postfach 10 22 51 ✂ 45422 Mülheim an der Ruhr ✂ www.verlagruhr.de ✂ ISBN 978-3-8346-0208-6

Spaß mit Weihnachtswörtern

 Entschlüssele diese Weihnachtswörter. Bilde mit jedem Wort einen Satz.

S T E I N W A S C H G A H N (ein Gericht)

_____

N E R Z K E (auf dem Adventskranz sind vier davon)

_____

S E H G E N C K (darüber freuen sich alle zu Weihnachten)

_____

M U B A S T R I C H (darunter liegen die Geschenke)

_____

T H I E R (er hütet die Tiere)

_____

G R E C H B U S E N (dann gibt es die Geschenke)

_____

 Bilde mit jedem dieser Wörter jeweils einen Satz:

Stall _____

_____

Jesus _____

_____

Stern _____

_____

Krippenspiel _____

_____

Weihnachtsmann _____

_____

 Wie viele Wörter kannst du aus „Fröhliche Weihnachten" bilden? Ein Wort ist schon vorgegeben.

Höhle, _____

_____

© Verlag an der Ruhr ⬧ Postfach 10 22 51 ⬧ 45422 Mülheim an der Ruhr ⬧ www.verlagruhr.de ⬧ ISBN 978-3-8346-0208-6

Weihnachtssuchsel

 Die Wörter aus der Wörterliste unten haben sich in dem Suchsel versteckt. Findest du alle?

Wunderkerze	Christstollen
Stern	Esel
Chor	Festmahl
Schnee	Tannenbaum
Maria	Spielzeug
Gans	Herberge
Josef	Kerzen
Hirte	Weihnachts-mann
Herodes	Stall
Geschenk	Krippe
Weihrauch	
Engel	
Bethlehem	
Glocke	
Freude	

W	U	N	D	E	R	K	E	R	Z	E	Q	S	H
E	E	S	T	E	R	N	D	C	H	O	R	P	E
I	S	I	C	J	Q	S	C	H	N	E	E	I	R
H	B	T	H	X	Y	M	A	R	I	A	Q	E	B
R	E	G	A	N	S	P	F	I	Z	G	T	L	E
A	T	L	H	L	A	J	O	S	E	F	A	Z	R
U	H	O	Q	K	L	C	M	T	W	F	N	E	G
C	L	C	G	F	B	J	H	S	C	E	N	U	E
H	E	K	F	D	H	I	R	T	E	S	E	G	K
E	H	E	R	O	D	E	S	O	S	T	N	C	E
N	E	J	E	I	C	L	F	L	E	M	B	J	R
G	M	Q	U	T	P	H	G	L	L	A	A	Q	Z
E	C	X	D	T	V	P	B	E	Q	H	U	N	E
L	Y	G	E	S	C	H	E	N	K	L	M	X	N

© Verlag an der Ruhr · Postfach 10 22 51 · 45422 Mülheim an der Ruhr · www.verlagruhr.de · ISBN 978-3-8346-0208-6

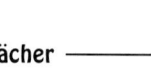 Weihnachten für alle Fächer

Die Weihnachtsgeschichte als Kreuzworträtsel

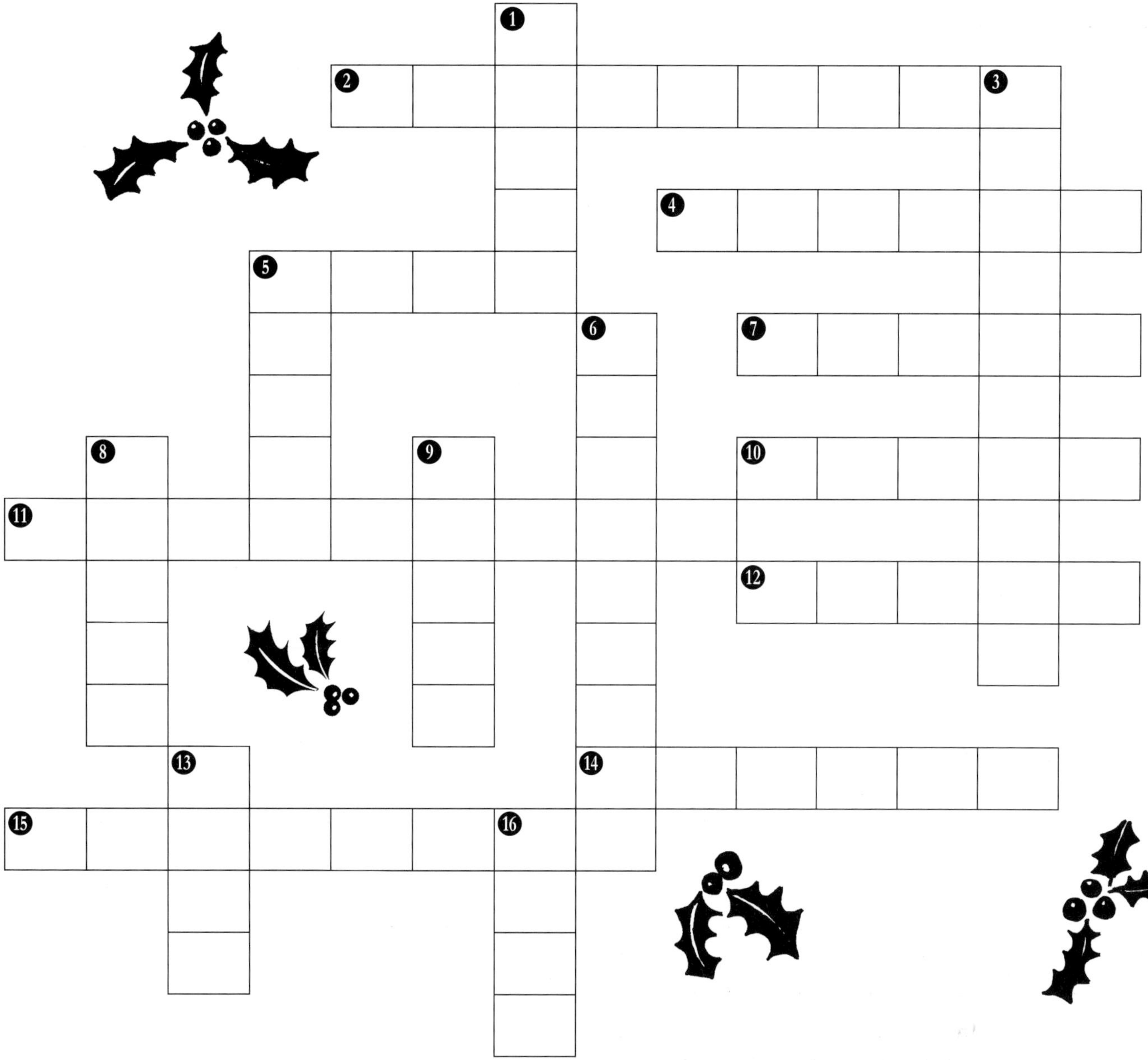

© Verlag an der Ruhr ☙ Postfach 10 22 51 ☙ 45422 Mülheim an der Ruhr ☙ www.verlagruhr.de ☙ ISBN 978-3-8346-0208-6

Der folgende Lückentext erzählt die Weihnachtsgeschichte.

★ **Finde heraus, welche Wörter in den Lücken fehlen. Dann trägst du sie links in das Kreuzworträtsel ein.**

Am (12 waagerecht) vor Jesu (4 waagerecht) erschien ein leuchtender (1 senkrecht) über dem (10 waagerecht) von (2 waagerecht), in dem (9 senkrecht) und (7 waagerecht) sich ausruhten, weil sie in der (15 waagerecht) keinen Platz gefunden hatten. (13 senkrecht) Könige kamen aus dem (3 senkrecht) und brachten (6 senkrecht) für das neugeborene Kind, den (5 waagerecht) Gottes. (11 waagerecht), (16 senkrecht) und Myrre schenkten sie (8 senkrecht), der auf (5 senkrecht) gebettet in einer (14 waagerecht) lag.

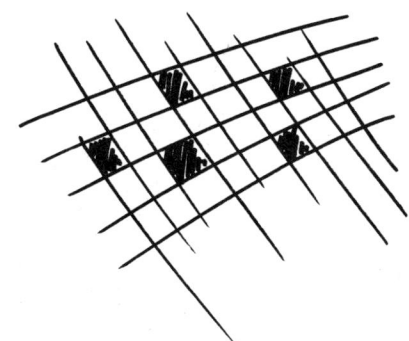

Weihnachtliches Wortpuzzle

Trage die folgenden Wörter an die passenden Stellen im Raster ein. Ein Wort ist schon vorgegeben.

Wörter mit 2 Buchstaben: du, er, na, tu, um

Wörter mit 3 Buchstaben: Ast, Bär, ich, neu, Uhr, uns, wer, wir

Wörter mit 4 Buchstaben: Esel, Gott, Maus, Nase, Raum, Ruhe

Wörter mit 5 Buchstaben: Engel, Ernst, Liebe, Kelch, Stall, Stern

Wörter mit 6 Buchstaben: Advent, Glocke, heilig

Wort mit 7 Buchstaben: niemand

Wörter mit 10 Buchstaben: Christkind, Tannenbaum

Wort mit 11 Buchstaben: Weihnachten

© Verlag an der Ruhr ⋅ Postfach 10 22 51 ⋅ 45422 Mülheim an der Ruhr ⋅ www.verlagruhr.de ⋅ ISBN 978-3-8346-0208-6

Ein Weihnachtsmärchen

© Verlag an der Ruhr ☆ Postfach 10 22 51 ☆ 45422 Mülheim an der Ruhr ☆ www.verlagruhr.de ☆ ISBN 978-3-8346-0208-6

 Lies die Geschichte und trage passende Wörter in die Lücken ein.

 Male ein Bild von Katharinas unerwarteter Weihnachtsüberraschung in dein Heft.

Es war an einem Heiligabend, da hörte Katharina ein seltsames _____

draußen vor der Tür. Sie _____ vorsichtig durch die Gardinen nach

_____ um zu sehen, woher das Geräusch _____. Sie sah

einen Mann draußen vor der _____ und in diesem Moment _____

er auch schon an. Der _____ trug einen langen Mantel, der schon ziemlich

abgetragen war, und einen dunklen Hut, der sein _____ verdeckte. Katharina

lief aufgeregt zu ihrer _____, denn sie wusste, dass sie keinem Fremden die

_____ öffnen sollte. Die Mutter kam, _____ die Tür und sprach

mit dem Mann. Dann sagte sie zu Katharina: „*Du brauchst keine* _____ *zu haben,*

der Mann verkauft kleine Kätzchen." Da schaute sich Katharina den Mann genauer an und sah,

dass er zwei süße kleine _____ in den Armen hielt: ein schwarzweißes mit

einem langen, flauschigen _____ und ein rotbraunes mit einem weißen Flecken über

dem linken Auge. Katharina durfte sich eines aussuchen und sie wählte das rotbraune

_____. Sie war sehr glücklich über diese zusätzliche Überraschung zu

_____. Dann lud Katharinas Mutter noch den _____ ein, sich

drinnen ein wenig aufzuwärmen und eine Tasse mit heißem _____ zu trinken.

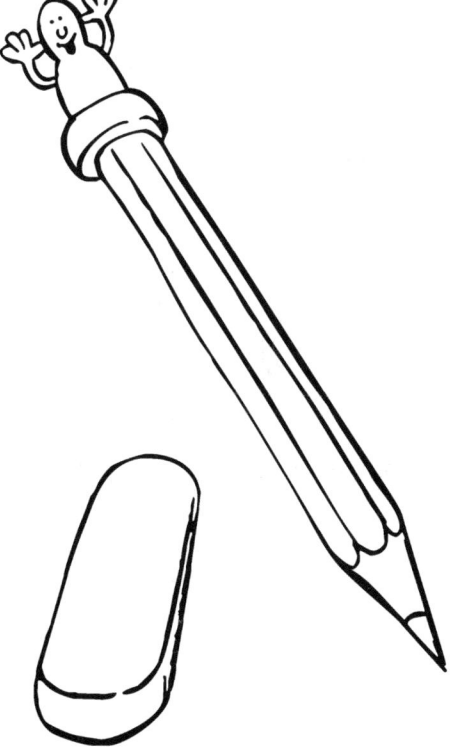

Wie viele?

★ **Wie viel Stück von jedem Spielzeug gibt es in diesem Geschäft?**

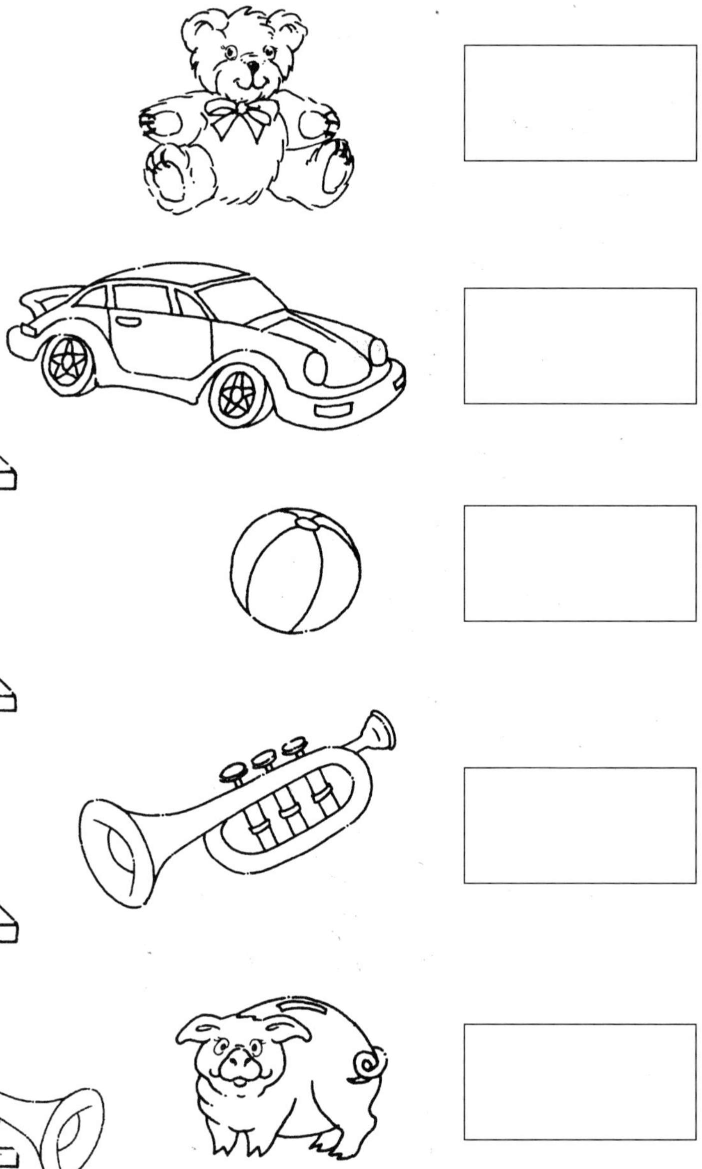

© Verlag an der Ruhr ☎ Postfach 10 22 51 ☎ 45422 Mülheim an der Ruhr ☎ www.verlagruhr.de ☎ ISBN 978-3-8346-0208-6

Stutenkerle

 Wie viele Knöpfe haben diese Stutenkerle?

 Male die richtige Anzahl von Knöpfen auf jeden Stutenkerl.

5   4   6   10

© Verlag an der Ruhr · Postfach 10 22 51 · 45422 Mülheim an der Ruhr · www.verlagruhr.de · ISBN 978-3-8346-0208-6

Alles bunt

 Male 2 Christbaumlichter grün.

 **Male 4 Christbaumlichter blau.**

 Male 5 Christbaumlichter rot.

 Male 3 Christbaumlichter gelb.

 Male 6 Christbaumlichter rosa.

 Male 3 Kerzen blau.

 Male 2 Kerzen rot.

 Male 4 Kerzen gelb.

 Male 1 Geschenkpaket rot.

 Male 7 Geschenkpakete blau.

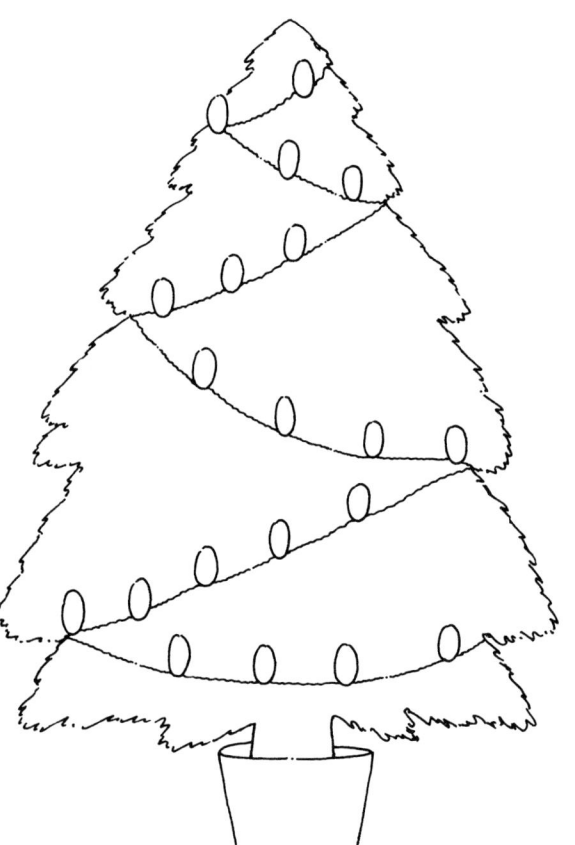

© Verlag an der Ruhr · Postfach 10 22 51 · 45422 Mülheim an der Ruhr · www.verlagruhr.de · ISBN 978-3-8346-0208-6

Zwei mehr

 **Zeichne zu jeder Gruppe von Gegenständen noch zwei mehr.
Wie viele Gegenstände sind dann in jeder Gruppe?**

© Verlag an der Ruhr · Postfach 10 22 51 · 45422 Mülheim an der Ruhr · www.verlagruhr.de · ISBN 978-3-8346-0208-6

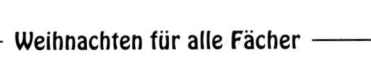

Geometrische Figuren

★ **Male das Kirchenfenster bunt aus.**
Denk dir eigene Muster für Kirchenfenster aus.

○ Kreise – gelb

▭ Rechtecke – blau

□ Quadrate – grün

△ Dreiecke – rot

© Verlag an der Ruhr ☎ Postfach 10 22 51 ☎ 45422 Mülheim an der Ruhr ☎ www.verlagruhr.de ☎ ISBN 978-3-8346-0208-6

Welcher Weg führt zum Stall in Bethlehem?

Kannst du Maria und Josef helfen, den Weg zum Stall zu finden?

© Verlag an der Ruhr ⌂ Postfach 10 22 51 ⌂ 45422 Mülheim an der Ruhr ⌂ www.verlagruhr.de ⌂ ISBN 978-3-8346-0208-6

Der große Tag des Weihnachtsmannes

 Am Heiligabend hat der Weihnachtsmann mächtig viel zu tun.
Schreibe auf, was er um wie viel Uhr macht.

Um wie viel Uhr steht der Weihnachtsmann auf?	Um wie viel Uhr frühstückt der Weihnachtsmann?	Wann packt der Weihnachtsmann seinen Schlitten?	Um wie viel Uhr fährt der Weihnachtsmann los?
Wann macht der Weihnachtsmann zum ersten Mal Halt?	Wann legt der Weihnachtsmann eine kleine Pause ein?	Wann erreicht der Weihnachtsmann seine letzte Station?	Um wie viel Uhr geht der Weihnachtsmann schlafen?

© Verlag an der Ruhr ☎ Postfach 10 22 51 ☎ 45422 Mülheim an der Ruhr ☎ www.verlagruhr.de ☎ ISBN 978-3-8346-0208-6

Von Punkt zu Punkt

 Löse nacheinander jede Aufgabe. Verbinde den Punkt der ersten Lösung mit dem Punkt der zweiten Lösung und so weiter, bis du alle Punkte nacheinander verbunden hast. Wenn das Weihnachtskniffelbild fertig ist, kannst du es bunt ausmalen.

1) $2 + 1 =$ _____

2) $6 + 3 =$ _____

3) $4 + 2 =$ _____

4) $5 + 5 =$ _____

5) $5 + 3 =$ _____

6) $3 + 2 =$ _____

7) $2 + 0 =$ _____

8) $5 + 2 =$ _____

9) $3 + 0 =$ _____

8 •

7 •

5 •   2 •

10 •   3 •

6 •

9 •

© Verlag an der Ruhr · Postfach 10 22 51 · 45422 Mülheim an der Ruhr · www.verlagruhr.de · ISBN 978-3-8346-0208-6

Wie viele Pakete bleiben übrig?

In jedem dieser Säcke befanden sich 10 Geschenk-pakete. Der Weihnachtsmann hat aus jedem Sack schon einige Pakete herausgenommen.

 Wie viele Pakete sind in jedem Sack noch übrig?

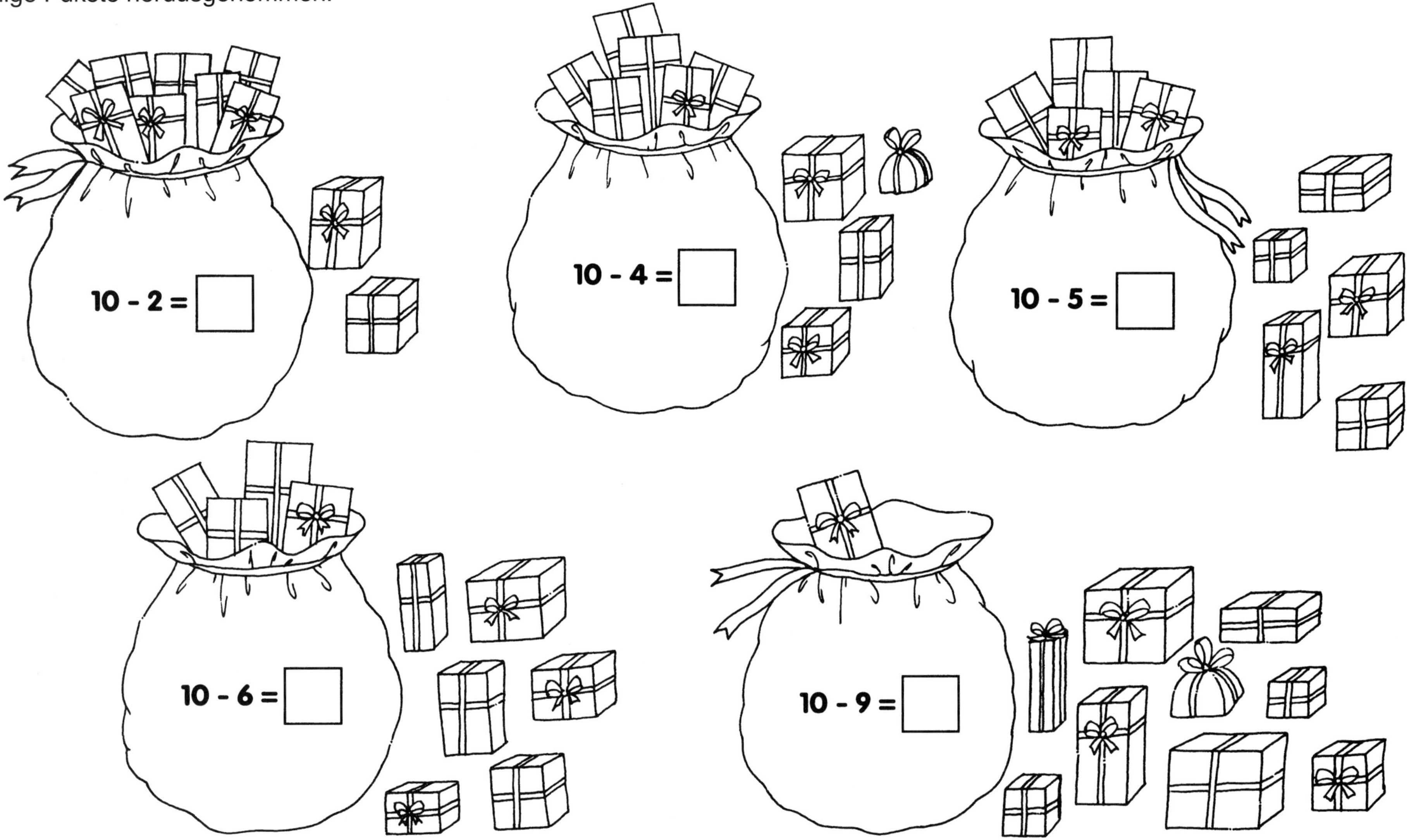

$10 - 2 = \boxed{}$

$10 - 4 = \boxed{}$

$10 - 5 = \boxed{}$

$10 - 6 = \boxed{}$

$10 - 9 = \boxed{}$

© Verlag an der Ruhr ⌂ Postfach 10 22 51 ⌂ 45422 Mülheim an der Ruhr ⌂ www.verlagruhr.de ⌂ ISBN 978-3-8346-0208-6

Weihnachtsgeschenke

Diese Übersicht zeigt, welche Geschenke von den Kindern in einer Klasse erwartet werden.

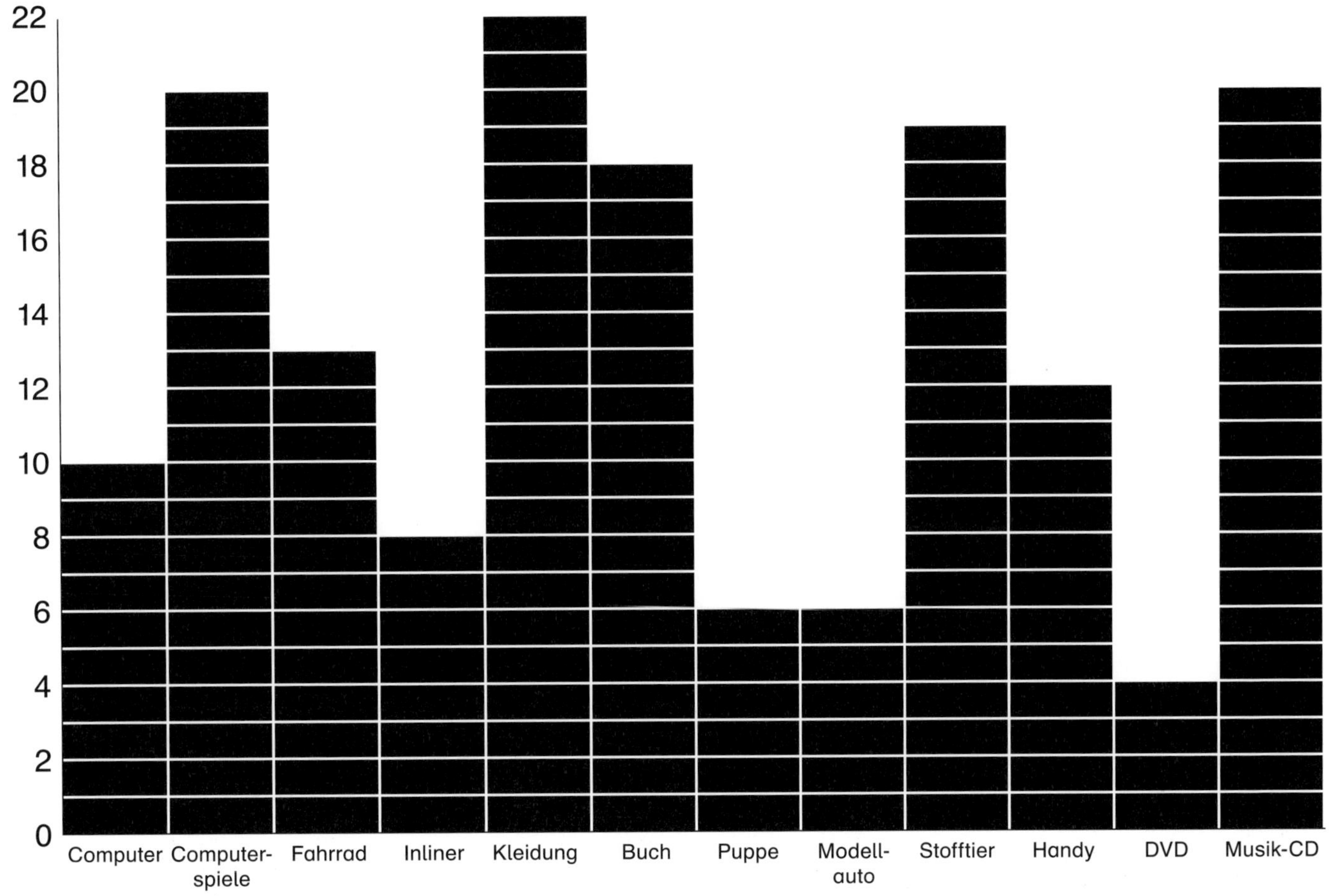

Beantworte die folgenden Fragen zu der Übersicht:

– Welches Geschenk ist das beliebteste?

– Wie viele Kinder erwarten ein Computerspiel als Geschenk?

– Welches Geschenk wird am seltensten gewünscht?

– Wie viele Kinder wünschen sich ein Fahrrad?

– Wie viel mehr Kinder wünschen sich ein Buch im Vergleich zu einer DVD?

– Wie viele Kinder erwarten zu Weihnachten ein Stofftier?

– Welches Geschenk wird genau halb so oft erwartet wie eine Musik-CD?

– Wie viele Kinder wünschen sich ein Handy?

Balkendiagramm mit y-Achse von 0 bis 22:
- Computer: 10
- Computerspiele: 20
- Fahrrad: 13
- Inliner: 8
- Kleidung: 22
- Buch: 18
- Puppe: 6
- Modellauto: 6
- Stofftier: 19
- Handy: 12
- DVD: 4
- Musik-CD: 20

Verschaffe dir einen Überblick über die Geschenkwünsche in deiner Klasse, damit du die Ergebnisse mit der abgebildeten Übersicht vergleichen kannst.

© Verlag an der Ruhr ☃ Postfach 10 22 51 ☃ 45422 Mülheim an der Ruhr ☃ www.verlagruhr.de ☃ ISBN 978-3-8346-0208-6

Sternenpuzzle

 Schneide die Puzzle-Teile aus. Lege sie in die Sternvorlage.
Die Teile dürfen sich nicht überlappen.

 **Denk dir noch andere Figuren aus, die du mit den Teilen
legen kannst.**

© Verlag an der Ruhr ⌂ Postfach 10 22 51 ✱ 45422 Mülheim an der Ruhr ⌂ www.verlagruhr.de ✱ ISBN 978-3-8346-0208-6

Christbaumlichter

 Auf wie viele verschiedene Weisen lassen sich diese Lichtersets mit nur drei Farben ausmalen?

(Du darfst für jedes Licht nur eine Farbe verwenden.)

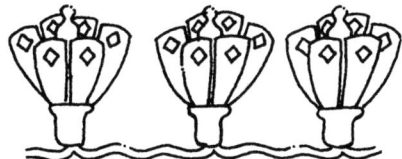
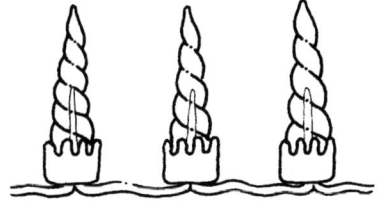

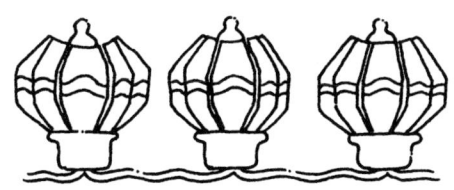
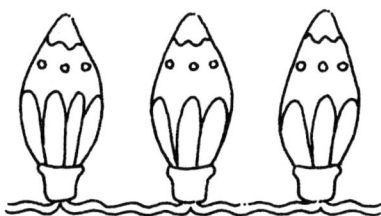
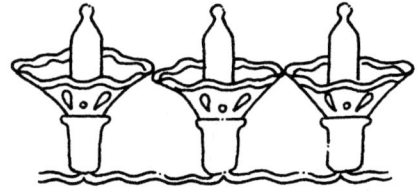

© Verlag an der Ruhr · Postfach 10 22 51 · 45422 Mülheim an der Ruhr · www.verlagruhr.de · ISBN 978-3-8346-0208-6

Der richtige Weg

© Verlag an der Ruhr ⬥ Postfach 10 22 51 ⬥ 45422 Mülheim an der Ruhr ⬥ www.verlagruhr.de ⬥ ISBN 978-3-8346-0208-6

 Finde einen Weg, der von der linken Seite des Bilderteppichs zur rechten Seite führt. Du darfst jedoch immer nur Felder mit bestimmten Symbolen betreten. Wähle drei Symbole aus. Nur diese darfst du auf deinem Weg betreten. Gehe senkrecht und waagerecht, nicht diagonal.

Ziel

Start

 Weihnachten für alle Fächer

Farbige Brüche

 Male $\frac{2}{6}$ rot, $\frac{2}{6}$ blau, $\frac{2}{6}$ gelb.

 Male $\frac{1}{2}$ rot, $\frac{1}{2}$ blau.

 Male $\frac{1}{3}$ rosa, $\frac{1}{3}$ blau, $\frac{1}{3}$ gelb.

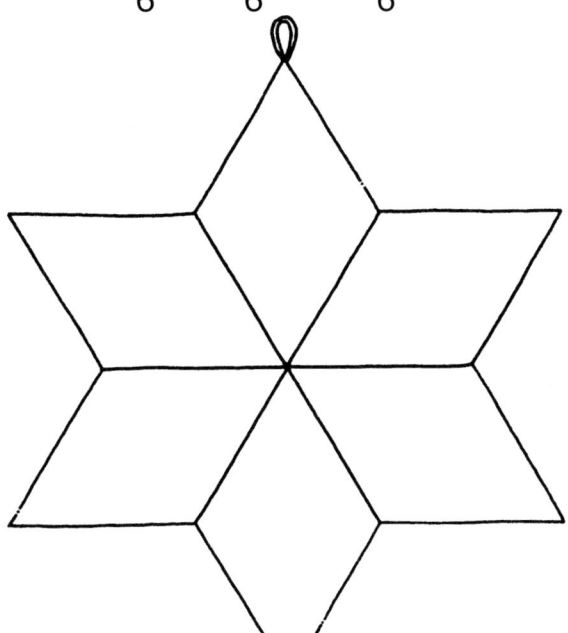

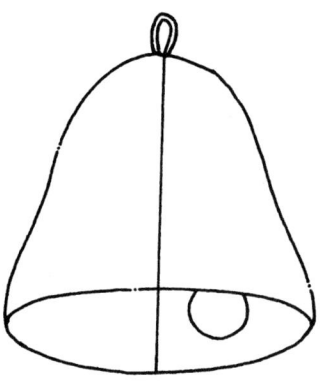

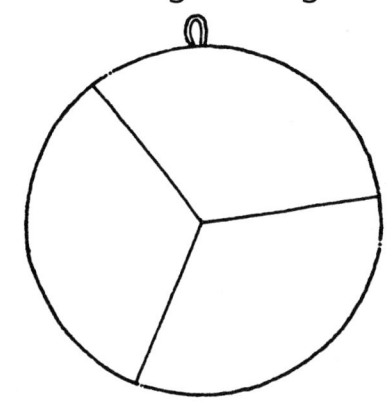

 Male $\frac{1}{4}$ blau,

$\frac{1}{2}$ grün,

$\frac{1}{4}$ gelb.

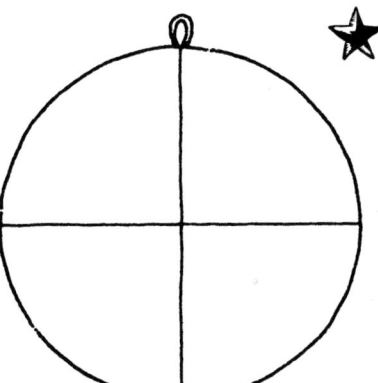

Male $\frac{1}{4}$ grün,

$\frac{3}{4}$ blau.

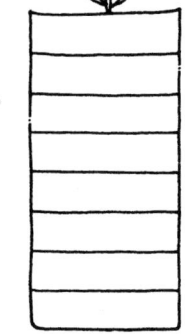

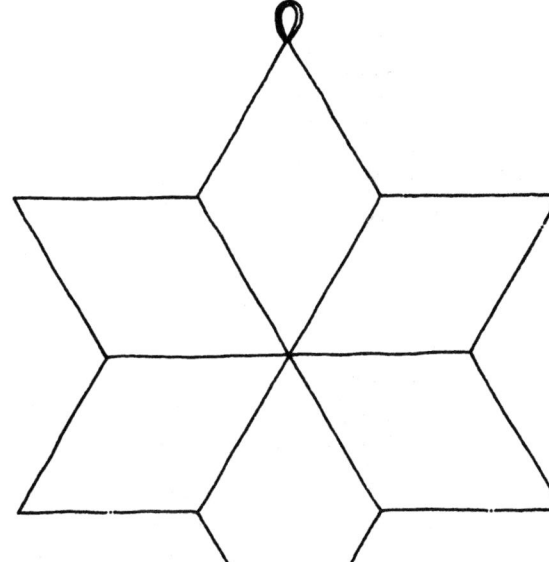

 Male $\frac{1}{2}$ rot, $\frac{1}{2}$ gelb.

© Verlag an der Ruhr · Postfach 10 22 51 · 45422 Mülheim an der Ruhr · www.verlagruhr.de · ISBN 978-3-8346-0208-6

Das Schneemann-Rätsel

 Fülle das Zahlenrätsel aus. Waagerecht 1) ist schon vorgegeben.

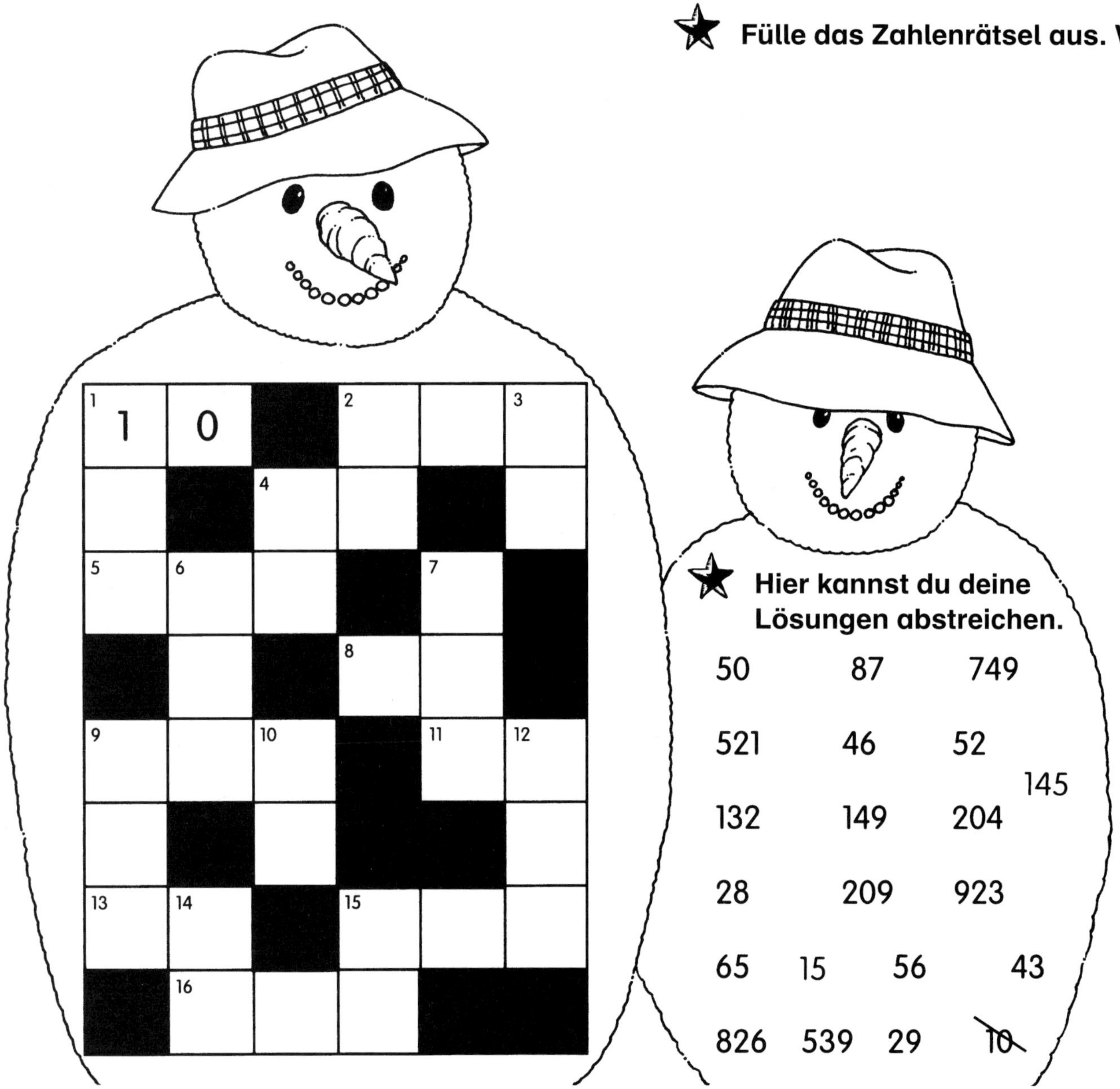

Waagerecht: ➡

1)	50	−	40
2)	500	+	21
4)	56	−	10
5)	910	+	13
8)	42	+	10
9)	125	+	20
11)	75	−	10
13)	10	+	18
15)	200	+	9
16)	750	−	1

Senkrecht: ⬇

1)	146	+	3
2)	66	−	10
3)	20	−	5
4)	33	+	10
6)	214	−	10
7)	800	+	26
9)	92	+	40
10)	100	−	50
12)	500	+	39
14)	40	+	47
15)	49	−	20

 **Hier kannst du deine Lösungen abstreichen.**

50   87   749

521   46   52
                    145
132   149   204

28   209   923

65   15   56   43

826   539   29   ~~10~~

© Verlag an der Ruhr ☎ Postfach 10 22 51 ☎ 45422 Mülheim an der Ruhr ☎ www.verlagruhr.de ☎ ISBN 978-3-8346-0208-6

Weihnachten im Koordinatennetz

 Wenn du die Koordinaten in der angegebenen
Reihenfolge verbindest, erhälst du drei
weihnachtliche Bilder.

 Male die Bilder aus.

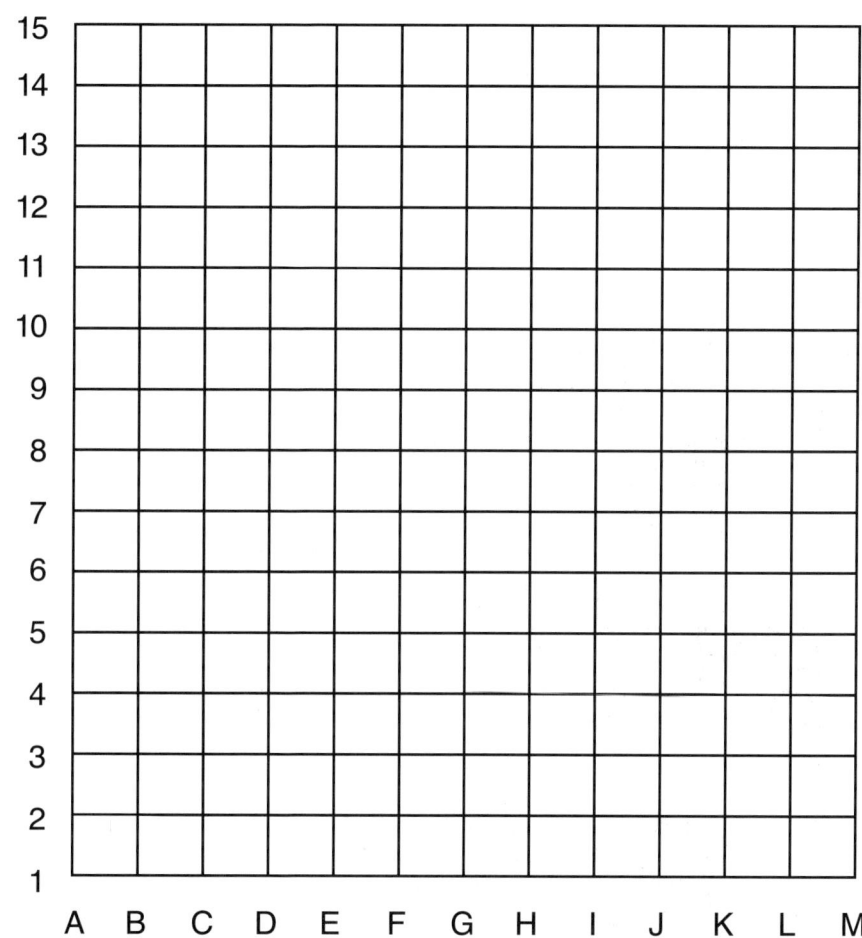

Die Koordinaten:

1) I 12 – J 13 – I 14 – J 14 – K 15 –
L 14 – M 14 – L 13 – M 12 – L 12 –
K 11 – J 12 – I 12

2) D 7 – A 7 – C 9 – B 9 – D 11 – C 11 –
E 13 – G 11 – F 11 – H 9 – G 9 – I 7 –
F 7 – F 5 – D 5 – D 7

3) K 8 – L 7 – K 6 – L 6 – L 3 – J 3 –
J 6 – K 6 – J 7 – K 8

 Erfinde selbst solche Koordinatenbilder und
lasse sie von deinen Mitschülern testen.

© Verlag an der Ruhr ☼ ♫ Postfach 10 22 51 ☼ ♫ 45422 Mülheim an der Ruhr ♫ www.verlagruhr.de ♫ ISBN 978-3-8346-0208-6

Musikalische Mathematik

 **Rechne die Aufgabe in jeder Glocke aus und trage
den entsprechenden Buchstaben in der unteren
Reihe ein.** Die Buchstaben ergeben den Anfang eines
Weihnachtsliedes.

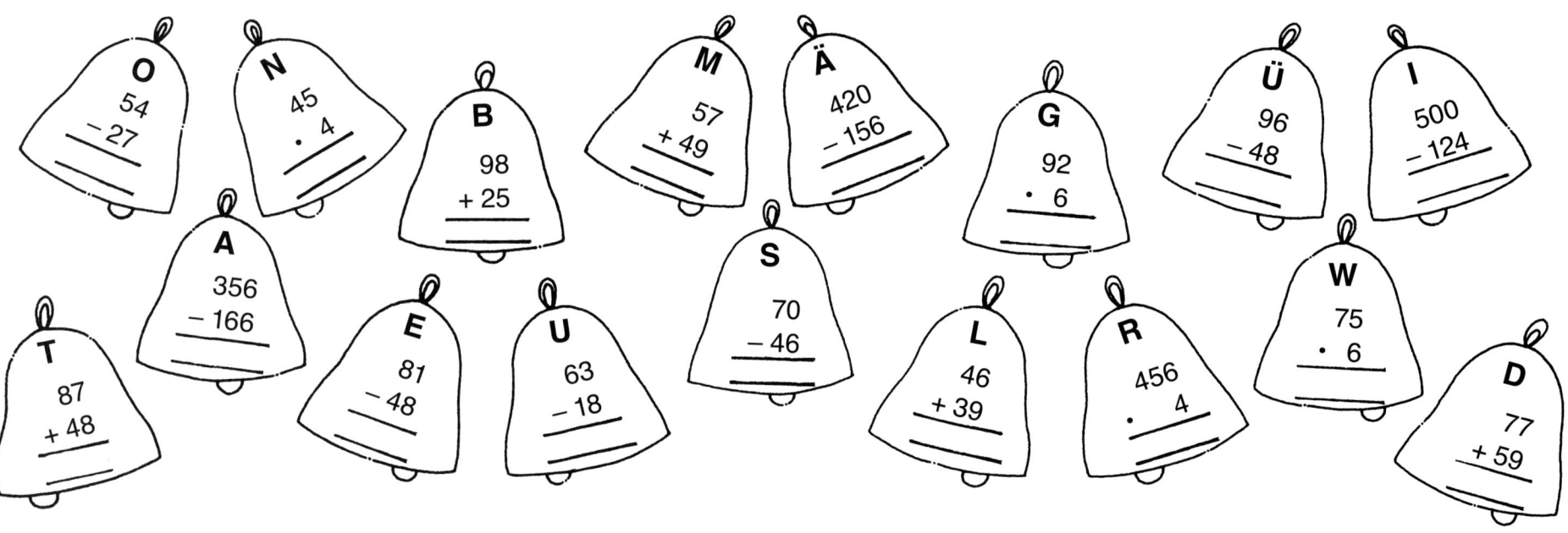

27		135	190	180	180	33	180	123	190	45	106,

27		135	190	180	180	33	180	123	190	45	106,

450	376	33		552	1824	48	180		24	376	180	136

136	33	376	180	33		123	85	264	135	135	33	1824.

© Verlag an der Ruhr ☆ Postfach 10 22 51 ☆ 45422 Mülheim an der Ruhr ☆ www.verlagruhr.de ☆ ISBN 978-3-8346-0208-6

Weihnachtssonderangebote

© Verlag an der Ruhr ⚜ 🐾 Postfach 10 22 51 ⚜ 🐾 45422 Mülheim an der Ruhr ⚜ 🐾 www.verlagruhr.de ⚜ 🐾 ISBN 978-3-8346-0208-6

Schnäppchen in rauen Mengen!!

%

20% billiger:

T-Shirts früher € 25
Jeans früher € 50
Jacken früher € 95
Socken früher € 6

40% billiger:

Kleider früher € 40
Röcke früher € 35
Blusen früher € 30

Nicht lange zögern, sondern kaufen!

★ **Wie lauten die neuen Preise für**

Jeans: _____

T-Shirts: _____

Socken: _____

Kleider: _____

Röcke: _____

★ **Wie viel kosten**

2 Jeans und 1 T-Shirt: _____

1 Kleid und 3 Blusen: _____

1 Jacke und 2 Röcke: _____

★ **Wie viel Wechselgeld bekommst du auf € 150 heraus beim Kauf von**

2 Jacken und 3 Paar Socken: _____

1 Jacke: _____

2 Röcken: _____

Rechenrätsel

 Rechne nacheinander jede Aufgabe aus. Verbinde den Punkt der Lösung des ersten Päckchens mit dem Punkt der Lösung des zweiten Päckchens usw., bis du alle Punkte nacheinander verbunden hast.

 Wenn das Bild fertig ist, kannst du es bunt ausmalen.

1) 32 + 24	**2)** 53 + 25	**3)** 51 + 24	**4)** 44 + 22	**5)** 70 + 29
6) 34 + 13	**7)** 20 + 19	**8)** 80 + 12	**9)** 43 + 25	**10)** 21 + 14
11) 76 − 14	**12)** 28 − 12	**13)** 59 − 36	**14)** 94 − 20	**15)** 62 − 21
16) 48 − 14	**17)** 71 − 61	**18)** 65 − 32	**19)** 36 − 15	**20)** 87 − 24

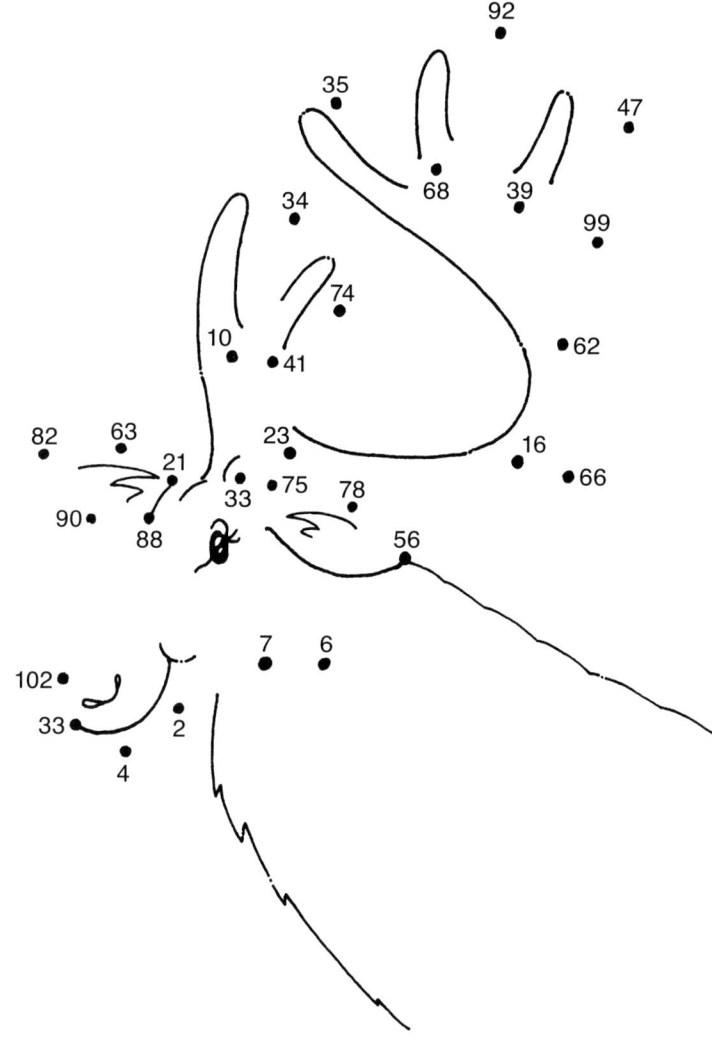

21) $41 \cdot 2 =$ **22)** $30 \cdot 3 =$ **23)** $22 \cdot 4 =$

24) $51 \cdot 2 =$ **25)** $33 \cdot 1 =$ **26)** $20 : 5 =$

27) $18 : 9 =$ **28)** $21 : 3 =$ **29)** $12 : 2 =$

© Verlag an der Ruhr · Postfach 10 22 51 · 45422 Mülheim an der Ruhr · www.verlagruhr.de · ISBN 978-3-8346-0208-6

Weihnachtseinkäufe

 Berechne die Gesamtkosten für jeden Einkaufskorb.

© Verlag an der Ruhr ☆ 🔒 Postfach 10 22 51 ☆ 🔒 45422 Mülheim an der Ruhr ☆ 🔒 www.verlagruhr.de ☆ 🔒 ISBN 978-3-8346-0208-6

Clown	17,80 €
Angelrute	11,95 €
Buch	7,90 €
Ball	3,50 €

Baseballschläger	25,80 €
kleines Poster	11,50 €
Sonnenbrille	9,80 €
Modellflugzeug	6,99 €

CD	15,98 €
Blumenstrauß	19,75 €
Parfümfläschchen	35,95 €
Wollschal	19,50 €
Teddybär	25,99 €

 Hier kannst Du die Summen ausrechnen.

Gesamtkosten: _____

Wie viel Wechselgeld bekommst du auf 50,– € zurück?

_____

_____

Gesamtkosten: _____

Wie viel Wechselgeld bekommst du auf 100,– € zurück?

_____

_____

Gesamtkosten: _____

Wie viel Wechselgeld bekommst du auf 200,– € zurück?

_____

_____

Weihnachtliches Fragespiel

 Welche der hier abgebildeten Dinge hast du letztes Jahr zu Weihnachten gesehen? In die entsprechenden Kästchen kannst du ein Häkchen setzen.

 Schreibe andere Dinge auf, die du nur in der Weihnachtszeit sehen kannst.

© Verlag an der Ruhr · Postfach 10 22 51 · 45422 Mülheim an der Ruhr · www.verlagruhr.de · ISBN 978-3-8346-0208-6

Kleine Materialkunde

© Verlag an der Ruhr ⚓ Postfach 10 22 51 ⚓ 45422 Mülheim an der Ruhr ⚓ www.verlagruhr.de ⚓ ISBN 978-3-8346-0208-6

⭐ **Aus welchen Materialien könnten die abgebildeten Gegenstände gemacht sein? Schreibe deine Vermutungen auf die Linien.**

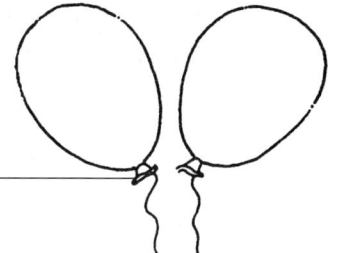

Fußspuren im Schnee

 Welche Tiere haben diese Spuren im Schnee hinterlassen?
Wenn du Hilfe brauchst, schlag in Tierbüchern nach oder
informiere dich im Internet.

 **Mach selbst Spuren im Schnee: mit
Schuhen, mit den Händen, mit den
Fingern …** Vielleicht fallen dir noch mehr
Möglichkeiten ein.

© Verlag an der Ruhr ☃ Postfach 10 22 51 ☃ 45422 Mülheim an der Ruhr ☃ www.verlagruhr.de ☃ ISBN 978-3-8346-0208-6

Weihnachten für alle Fächer

Sicherheit zur Weihnachtszeit

 Wie viele gefährliche Dinge kannst du in diesem Bild erkennen?

 Wie würdest du den Raum sicherer machen?

© Verlag an der Ruhr · Postfach 10 22 51 · 45422 Mülheim an der Ruhr · www.verlagruhr.de · ISBN 978-3-8346-0208-6

Bewegung

 Benenne die Gegenstände auf diesem weihnachtlichen Bild, die sich bewegen können. Zeichne dazu eine Tabelle in dein Heft. Beschreibe auch, wie sich die Gegenstände bewegen. Ein erstes Beispiel haben wir dir schon vorgegeben.

Gegenstand	Bewegung
Baum	schaukelt im Wind

© Verlag an der Ruhr ☆ 🏠 Postfach 10 22 51 ☆ 🏠 45422 Mülheim an der Ruhr ☆ 🏠 www.verlagruhr.de ☆ 🏠 ISBN 978-3-8346-0208-6

Weihnachtsmusik

Wenn ihr an eurer Schule ein Krippenspiel aufführt, benötigt ihr einige dieser Instrumente.

⭐ **Wie bringt man diese Instrumente zum Klingen?**

Auf den Notenlinien unten findest du Verben, die zu den Instrumenten passen.

⭐ **Schreibe sie in die Kästchen zu den Instrumenten.**

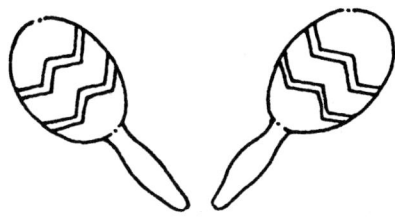

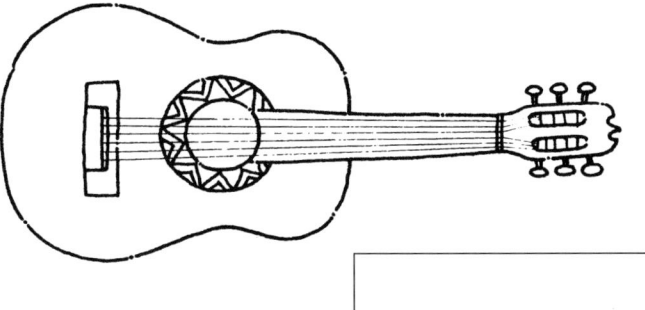

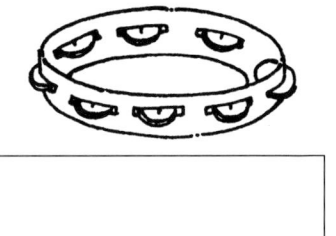

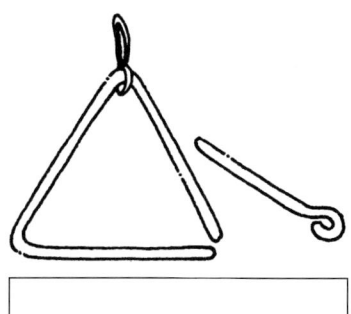

⭐ **Kannst du dir Instrumente vorstellen, die all das können? Welche können das sein?**

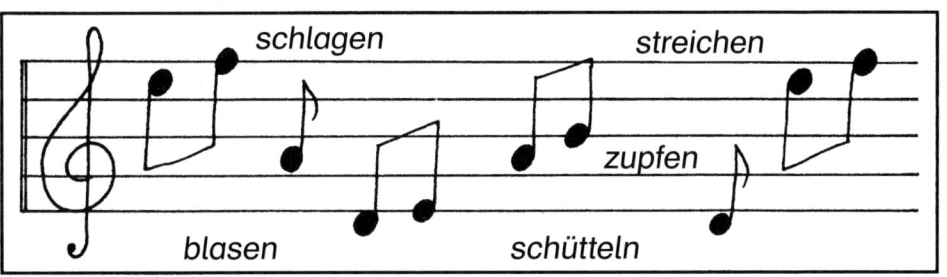

schlagen   streichen

zupfen

blasen   schütteln

© Verlag an der Ruhr ✿ Postfach 10 22 51 ✿ 45422 Mülheim an der Ruhr ✿ www.verlagruhr.de ✿ ISBN 978-3-8346-0208-6

Weihnachtskerzen

★ **Bitte einen Erwachsenen, eine Kerze anzuzünden.**
Beobachte genau, wie die Kerze brennt. Zeichne die Kerze
in das Kästchen rechts auf dieser Seite. Schau dir genau
die Form der Flamme an. Beschreibe hier, was mit der Kerze
geschieht, während sie brennt:

_____

_____

_____

_____

★ **Zeichne die Kerze in das Kästchen.**
Was geschieht, während die Kerze brennt?

★ **Was glaubst du, was geschieht, während die Kerze brennt?**
Warum brennt sie immer weiter?

_____

_____

_____

_____

© Verlag an der Ruhr ☆ 🕮 Postfach 10 22 51 ☆ 🕮 45422 Mülheim an der Ruhr ☆ 🕮 www.verlagruhr.de ☆ 🕮 ISBN 978-3-8346-0208-6

Hilfe für die Weihnachtsengel

© Verlag an der Ruhr ⬥ Postfach 10 22 51 ⬥ 45422 Mülheim an der Ruhr ⬥ www.verlagruhr.de ⬥ ISBN 978-3-8346-0208-6

Letzte Weihnacht wünschten sich erstaunlicherweise viele Kinder einen Magneten als Weihnachtsgeschenk. Aber der Weihnachtsmann war nicht besonders angetan von der Art und Weise, wie die Engel die Magneten gelagert hatten. Als er sie nämlich in seinen Sack packen wollte, hingen alle möglichen Dinge aneinander! Und der arme Weihnachtsmann brauchte Stunden, um sie wieder auseinanderzubekommen. In diesem Jahr hat der Weihnachtsmann die Engel gebeten, darauf zu achten, dass keine magnetischen Gegenstände in die Nähe der Magneten geraten.

Gegenstand	Deine Vermutung: Wird vom Magneten angezogen?	Ergebnis: Wird vom Magneten angezogen?	Sollte der Gegenstand in der Nähe eines Magneten lagern?
Büroklammer			
Spiegel			
Schere			
Messinggewichte			
Plastiklineal			
Alufolie			
Kupferdraht			
Radiergummi			
Nägel			
Silberkettchen			

⭐ **Hilf den Engeln beim Sortieren der folgenden Gegenstände: Welche sollten möglichst nicht in der Nähe der Magnete gelagert werden?**

⭐ **Überlege erst einmal, welche Gegenstände wohl von einem Magneten angezogen werden. Dann kannst du die einzelnen Gegenstände testen und das Ergebnis in der Tabelle eintragen. Danach kannst du auch noch andere Gegenstände deiner Wahl testen.**

⭐ **Was hast du bei deinen Versuchen über den Magnetismus herausgefunden?**

_____

_____

_____

⭐ **Funktioniert der Magnet auch noch durch Papier, Pappe, Glas oder Holz?**

_____

_____

_____

Ein wasserdichter Sack für den Weihnachtsmann

⭐ Der Weihnachtsmann braucht einen neuen Sack, aber er muss wasserdicht sein. Welches Material eignet sich dafür am besten?

 Sammle viele verschiedene Stoffreste, zum Beispiel dicken Stoff, dünnen, flauschigen, glatten, groben, glänzenden Stoff …

 Stelle Vermutungen darüber an, welche Stoffe wohl wasserundurchlässig (wasserdicht) sind.
Dann kannst du die Stoffe testen, um zu sehen, ob du Recht hattest. Am besten benutzt du eine Pipette oder ein dünnes Röhrchen, um jeweils die gleiche Anzahl Tropfen auf die verschiedenen Stoffstücke zu träufeln. Du solltest immer einen Moment abwarten, damit das Wasser einziehen kann.

 Beobachte jedes Stoffstück genau mit einer Lupe. Kannst du dir vorstellen, warum einige Stoffe wasserdicht sind und andere nicht? Welchen Stoff wird deiner Meinung nach der Weihnachtsmann benutzen?

Stofftyp	Deine Vermutung: Wird er wasserdicht sein?	Ergebnis: Ist er wasserdicht?

© Verlag an der Ruhr · Postfach 10 22 51 · 45422 Mülheim an der Ruhr · www.verlagruhr.de · ISBN 978-3-8346-0208-6

Wir untersuchen einen Tannenzweig

© Verlag an der Ruhr ☆ 🖂 Postfach 10 22 51 ☆ 🖂 45422 Mülheim an der Ruhr ☆ 🖂 www.verlagruhr.de ☆ 🖂 ISBN 978-3-8346-0208-6

 Bringt viele kleine Tannenzweige mit und untersucht sie in der Klasse.

Wie fühlt sich dein Zweig an? Beschreibe ihn.

_____

_____

Ist der Zweig hell oder dunkel, glänzend oder matt?

_____

Wie sehen die Nadeln aus? Ist dein Zweig völlig einfarbig?

_____

_____

Sieht der Zweig symmetrisch aus, ist er gerade
oder gekrümmt?

_____

Reibe vorsichtig deinen Zweig und rieche daran.
Wonach riecht der Tannenzweig?

_____

Sieht der Tannenzweig völlig gesund aus oder kannst du
irgendwelche Schädigungen erkennen?

_____

_____

Miss die Länge und Breite deines Zweiges.

Länge [   ]   Breite [   ]

Vergleiche deine Messwerte mit denen deiner Mitschüler.

_____

_____

Mit Hilfe einer Lupe kannst du den Zweig noch genauer
untersuchen. Was kannst du erkennen, was du bis jetzt noch nicht
gesehen hast?

_____

_____

Elektrische Weihnachtskerzen

Die fleißigen Weihnachtsengel schmücken jeder für sich den kleinen Weihnachtsbaum. Auf die Baumspitze soll jeweils eine kleine, elektrische Weihnachtskerze, welche die Engel zum Leuchten bringen möchten. Sie haben dafür eine Batterie, eine Glühbirne und Drähte.

 Probiere jede ihrer Methoden aus, um zu sehen, welche funktioniert.

Methode	Deine Vermutung: Wird die Glühbirne brennen?	Ergebnis: Hat die Glühbirne gebrannt?

Nach deinem Experiment kannst du diese Fragen beantworten:

★ **Wodurch brennt eine Glühbirne?**

_____

_____

_____

★ **Wie funktioniert ein Stromkreis?**

_____

_____

_____

Zeichne auf die Rückseite dieses Blattes einen Stromkreis. Mit Hilfe von Pfeilen kannst du zeigen, in welche Richtung der Strom fließt.

© Verlag an der Ruhr ☙ Postfach 10 22 51 ☙ 45422 Mülheim an der Ruhr ☙ www.verlagruhr.de ☙ ISBN 978-3-8346-0208-6

Der jährliche Gesundheitstest des Weihnachtsmannes

© Verlag an der Ruhr ☆ 🕮 Postfach 10 22 51 ☆ 🕮 45422 Mülheim an der Ruhr ☆ 🕮 www.verlagruhr.de ☆ 🕮 ISBN 978-3-8346-0208-6

Jedes Jahr vor Weihnachten besucht der Weihnachtsmann seinen Hausarzt, um sich durchchecken zu lassen. Denn er muss wissen, ob er noch fit genug ist, um alle Geschenke auszutragen. Hier kannst du auch einen Teil dieses Gesundheitstests mitmachen, um einiges über dein Herz herauszufinden.

 Miss deinen Pulsschlag:

Suche deinen Puls. Mit Hilfe von Zeige- und Mittelfinger kannst du am Handgelenk oder am Hals deinen Puls fühlen. Du zählst die Anzahl der Schläge innerhalb von 30 Sekunden. Danach verdoppelst du die Zahl, sodass du weißt, wie oft dein Herz pro Minute schlägt. Zuerst misst du deinen Pulsschlag im Ruhezustand, danach kannst du die folgenden Übungen machen, um herauszufinden, wie sich dadurch der Pulsschlag verändert.

Übung	Schläge pro Minute
Ruhezustand	
20-mal Armschwingen	
10 Kniebeugen	
1 Minute Treppensteigen	
2 Minuten Jogging	

 Warum ändert sich deiner Meinung nach bei den verschiedenen Übungen dein Pulsschlag?

_____

_____

_____

_____

_____

 Vergleiche deine Messung mit denen anderer Kinder in deiner Klasse.

Spielzeug

Welches Spielzeug passt in welchen Umriss?
★ **Verbinde den Gegenstand mit dem jeweils passenden
Umriss mit einem Strich.**

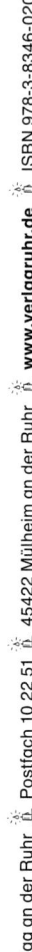© Verlag an der Ruhr ⋅ Postfach 10 22 51 ⋅ 45422 Mülheim an der Ruhr ⋅ www.verlagruhr.de ⋅ ISBN 978-3-8346-0208-6

Geschenke verpacken

© Verlag an der Ruhr ◇ Postfach 10 22 51 ◇ 45422 Mülheim an der Ruhr ◇ www.verlagruhr.de ◇ ISBN 978-3-8346-0208-6

 Male die abgebildeten Geschenkpakete aus, indem du den Anweisungen folgst.

Male das Geschenk oberhalb von **5** blau aus.

Male das Geschenk unterhalb von **6** gelb aus.

Male das Geschenk rechts von **4** rot aus.

Male das Geschenk links von **5** gelb aus.

Male das Geschenk links von **9** blau aus.

Male das Geschenk unterhalb von **4** grün aus.

Male das Geschenk oberhalb von **6** grün aus.

Male das Geschenk rechts von **5** blau aus.

Male das Geschenk oberhalb von **4** rot aus.

Aus der Luft

 Diese Gegenstände sind von oben gezeichnet.
Kannst du herausfinden, worum es sich jeweils handelt?

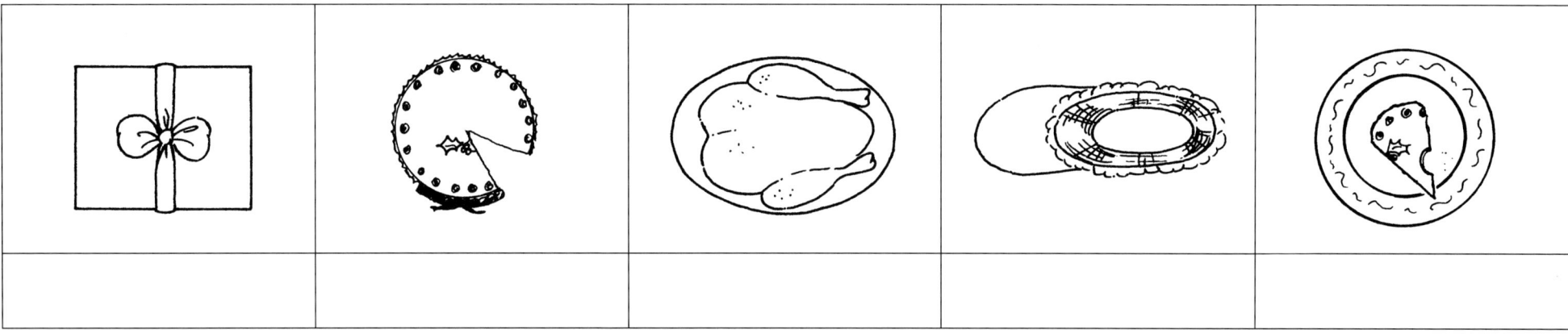

 **Zeichne nun selbst einige Gegenstände von oben.
Schreibe die Namen der Gegenstände unter deine
Zeichnungen.**

© Verlag an der Ruhr ☆ Postfach 10 22 51 ☆ 45422 Mülheim an der Ruhr ☆ www.verlagruhr.de ☆ ISBN 978-3-8346-0208-6

So sieht's der Weihnachtsmann

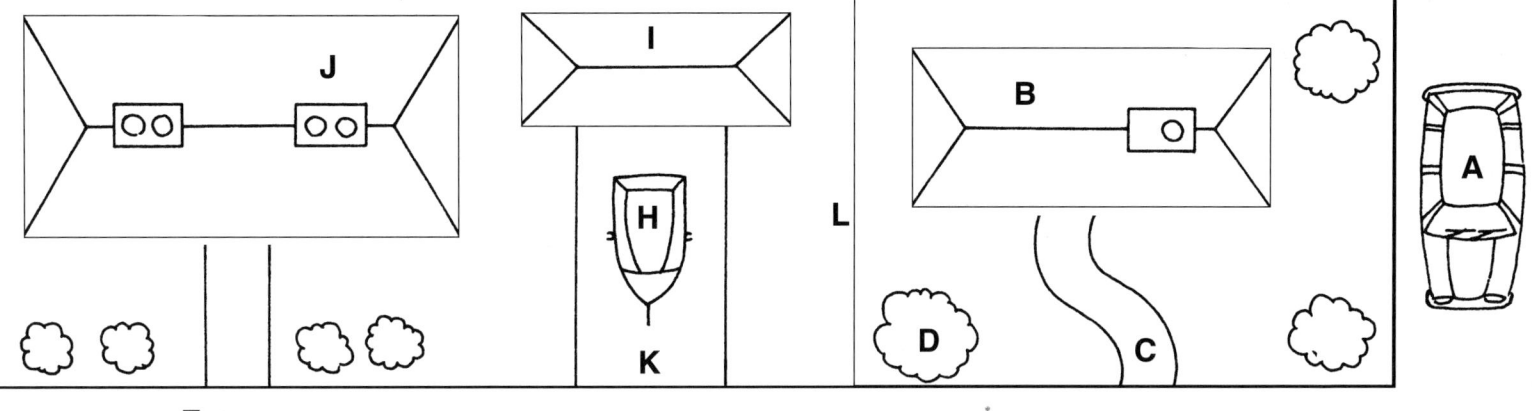

Wenn der Weihnachtsmann mit seinem Schlitten über die Stadt fliegt, sieht er alles so wie auf diesem Stadtplan.

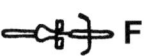

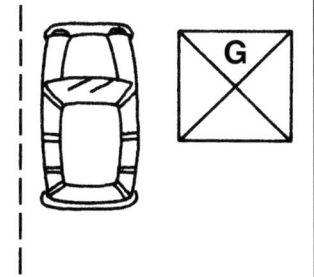

⭐ **Finde heraus, worum es sich jeweils handelt. Wähle aus diesen Dingen aus:**

Haus	Zaun
Fußweg	Schornstein
Straße	Auto
Garage	Fahrrad
Baum	Boot
Telefonzelle	Einfahrt

A = _____ G = _____

B = _____ H = _____

C = _____ I = _____

D = _____ J = _____

E = _____ K = _____

F = _____ L = _____

© Verlag an der Ruhr ⚓ Postfach 10 22 51 ⚓ 45422 Mülheim an der Ruhr ⚓ www.verlagruhr.de ⚓ ISBN 978-3-8346-0208-6

Weihnachten rund um den Globus

Weihnachten wird rund um den Globus zu verschiedenen Jahreszeiten gefeiert. Jedes Land, das Weihnachten feiert, macht dies auf seine eigene Weise und mit eigenen Gebräuchen.

 Finde heraus, welche Länder hier abgebildet sind. Schreibe auf, woran man das erkennt.

Land _____

Das sieht man an:

_____

_____

_____

Land _____

Das sieht man an:

_____

_____

_____

Land _____

Das sieht man an:

_____

_____

_____

Land _____

Das sieht man an:

_____

_____

_____

 Zeichne nun in deinem Heft ein Bild vom Weihnachtsfest in deinem Land.

© Verlag an der Ruhr · Postfach 10 22 51 · 45422 Mülheim an der Ruhr · www.verlagruhr.de · ISBN 978-3-8346-0208-6

Wo hält der Weihnachtsmann zuletzt?

© Verlag an der Ruhr · Postfach 10 22 51 · 45422 Mülheim an der Ruhr · www.verlagruhr.de · ISBN 978-3-8346-0208-6

Finde heraus, wo der Weihnachtsmann in dieser Stadt zuletzt anhält. Folge diesen Anweisungen:

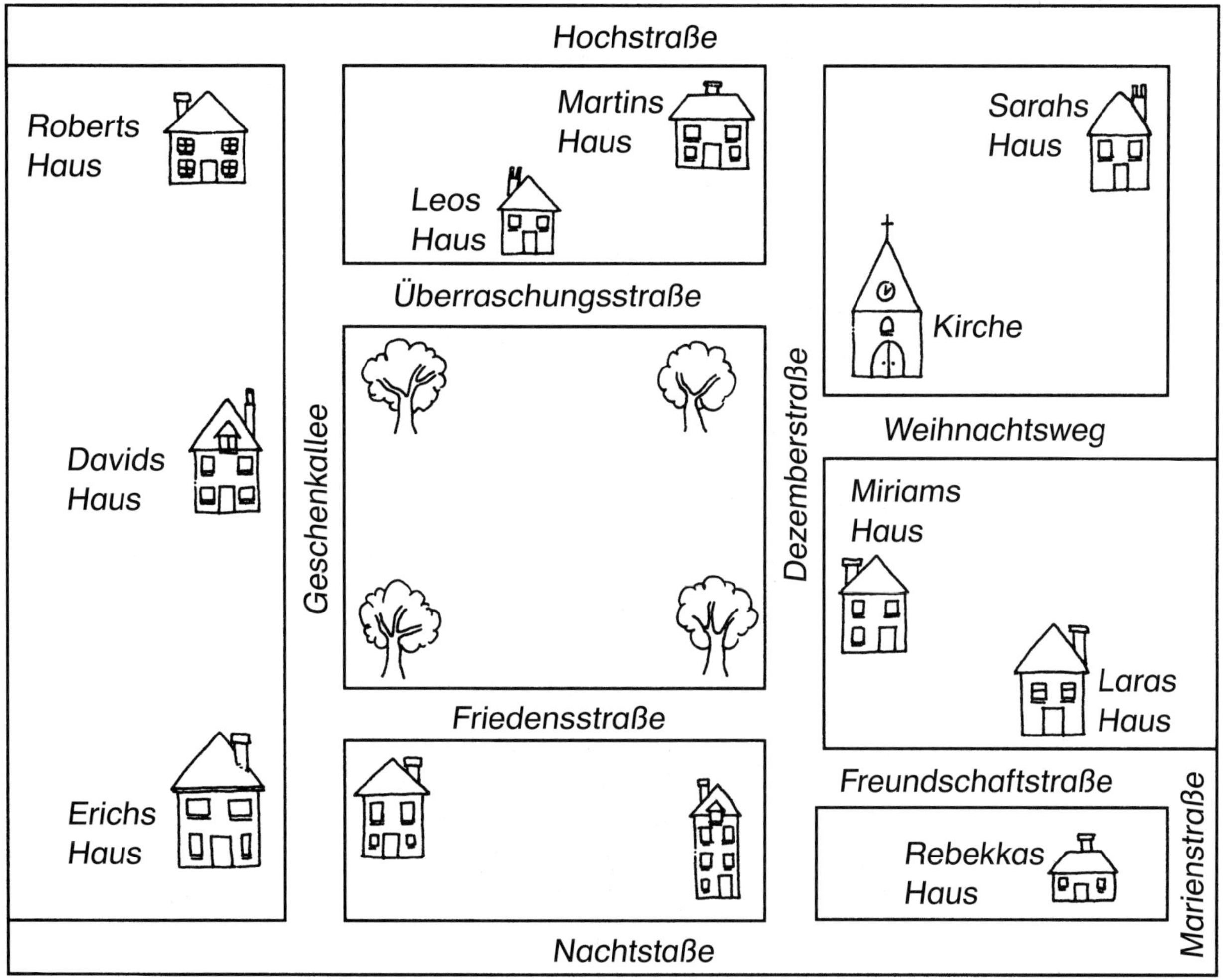

– Von Erichs Haus geht er nach links bis zur Hochstraße.

– Dann geht er nach rechts, bis er zur Weihnachtsstraße kommt.

– Dort biegt er rechts ein und kurz danach wieder rechts.

– Dann geht er nach links, dann wieder links, dann nach rechts und noch einmal nach rechts.

– An der nächsten Ecke geht er nach rechts und biegt dann an der zweiten Ecke wieder nach links.

Wie heißt diese Straße und wer wohnt dort?

die Straße heißt: _____

dort wohnt: _____

Hochstraße

Roberts Haus

Martins Haus

Leos Haus

Sarahs Haus

Überraschungsstraße

Kirche

Geschenkallee

Davids Haus

Dezemberstraße

Weihnachtsweg

Miriams Haus

Friedensstraße

Laras Haus

Erichs Haus

Freundschaftstraße

Marienstraße

Rebekkas Haus

Nachtstaße

Die Engel räumen auf

Jedes Jahr zur Weihnachtszeit entsteht in der Werkstatt des Weihnachtsmanns ein heilloses Durcheinander. Deshalb müssen die Engel alles wieder aufräumen, damit alles dort liegt, wo es hingehört.

⭐ **Kannst du ihnen dabei helfen?** Hier ist ein Lageplan der Werkstatt des Weihnachtsmannes:

Mit Hilfe des Zeichenschlüssels kannst du die Gegenstände an die richtige Stelle zeichnen. Die folgenden Koordinatenangaben sagen dir, wohin der jeweilige Gegenstand gehört.

Koordinaten

Topfpflanzen	M1, B9	Bastelpläne	A9
Etui	D2	Klebstoff	N10
Hämmer	I11, J11	Lineale	D4, B4
Becher	I4, I5, H4	Farbkasten	N8
Säge	H12	Papier	B2
Nägel	C12	Tintenfass	N7
Schere	L8	Schnur	N12

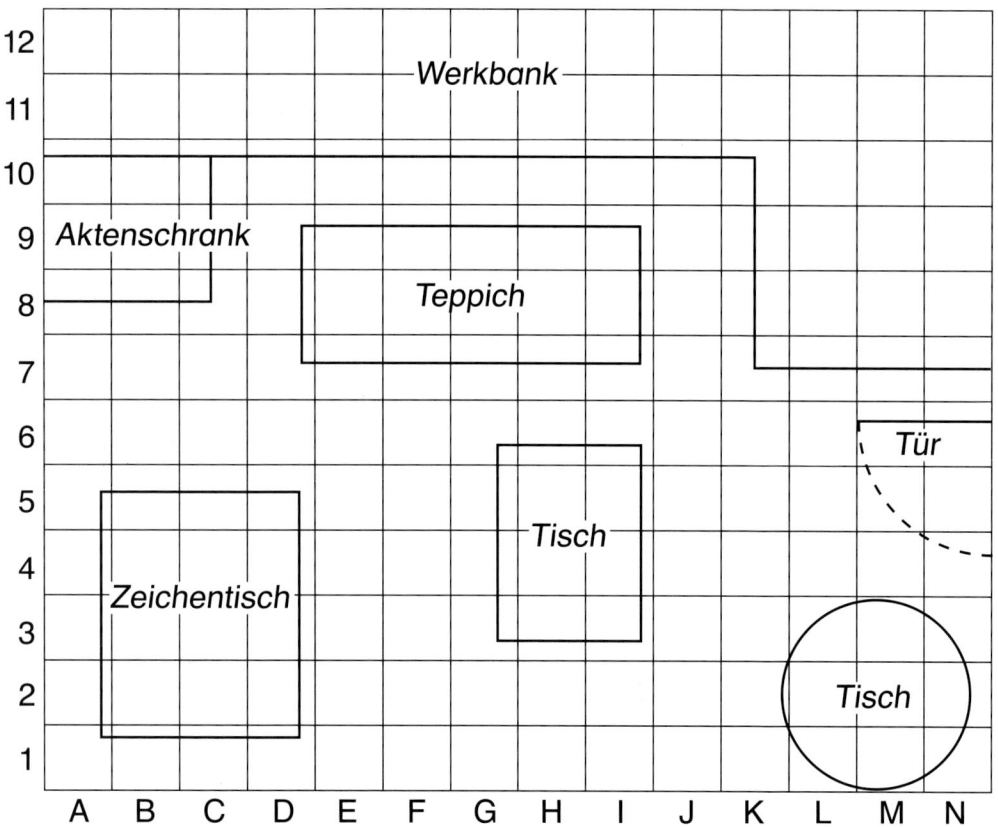

Zeichenschlüssel

Topfpflanze — Tintenfass

Schere — Papier

Hammer — Nägel

Klebstoff — Etui

Säge — Bastelpläne

Farbkasten — Becher

Lineal — Schnur

© Verlag an der Ruhr ☞ Postfach 10 22 51 ☞ 45422 Mülheim an der Ruhr ☞ www.verlagruhr.de ☞ ISBN 978-3-8346-0208-6

Die Weihnachtsinsel

Wie weit ist es (in km) von
- Haus A zu Haus B
- Haus B zu Haus C
- Haus C zu Haus D
- Haus D zu Haus E

- Haus E zu Haus F (mit der Zwischenstation: Farm)
- Haus F zum Einkaufszentrum (mit der Zwischenstation: See)

 Der Weihnachtsmann besucht sehr gerne die Weihnachtsinsel. **Finde heraus, wie weit er jeweils reisen muss, wenn er von einem Ort der Insel zu einem anderen gelangen will.**

Maßstab: 1 cm = 1 km

Einkaufszentrum

● Haus A

Haus E

● Haus C

● See

Haus B

Farm

● Haus B

Haus D

Haus F

Bootsverleih

© Verlag an der Ruhr ☙ Postfach 10 22 51 ☙ 45422 Mülheim an der Ruhr ☙ www.verlagruhr.de ☙ ISBN 978-3-8346-0208-6

Weihnachtspost

Alle diese Weihnachtsbriefe sind beim Postamt angekommen,
aber leider ohne die Angabe des Ziellandes.

 In welchen Ländern liegen die Städte?

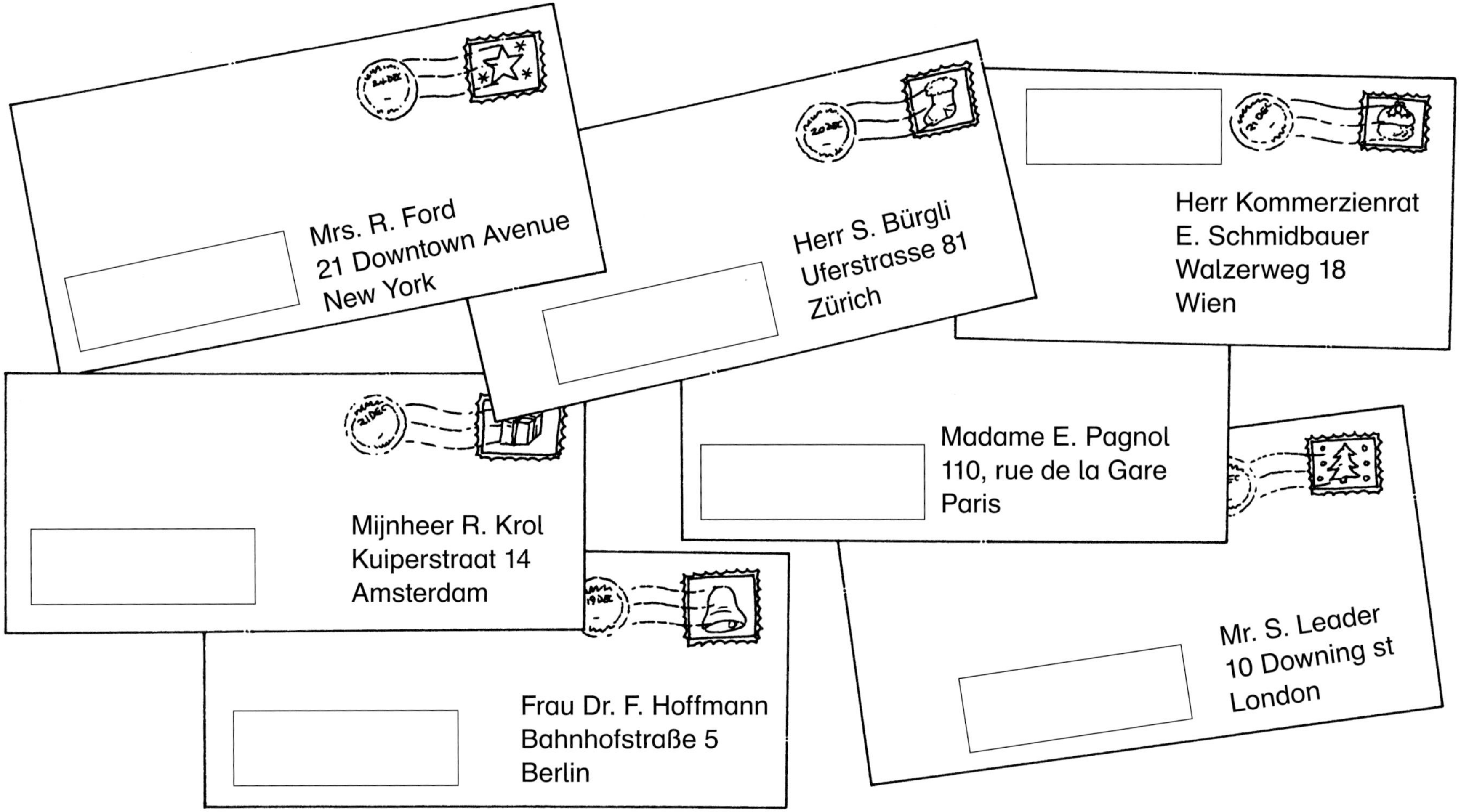

Mrs. R. Ford
21 Downtown Avenue
New York

Herr S. Bürgli
Uferstrasse 81
Zürich

Herr Kommerzienrat
E. Schmidbauer
Walzerweg 18
Wien

Madame E. Pagnol
110, rue de la Gare
Paris

Mijnheer R. Krol
Kuiperstraat 14
Amsterdam

Mr. S. Leader
10 Downing st
London

Frau Dr. F. Hoffmann
Bahnhofstraße 5
Berlin

© Verlag an der Ruhr ⌂ Postfach 10 22 51 ⌂ 45422 Mülheim an der Ruhr ⌂ www.verlagruhr.de ⌂ ISBN 978-3-8346-0208-6

 Weihnachten für alle Fächer

Die Karte von Palästina

© Verlag an der Ruhr ☙ Postfach 10 22 51 ☙ 45422 Mülheim an der Ruhr ☙ www.verlagruhr.de ☙ ISBN 978-3-8346-0208-6

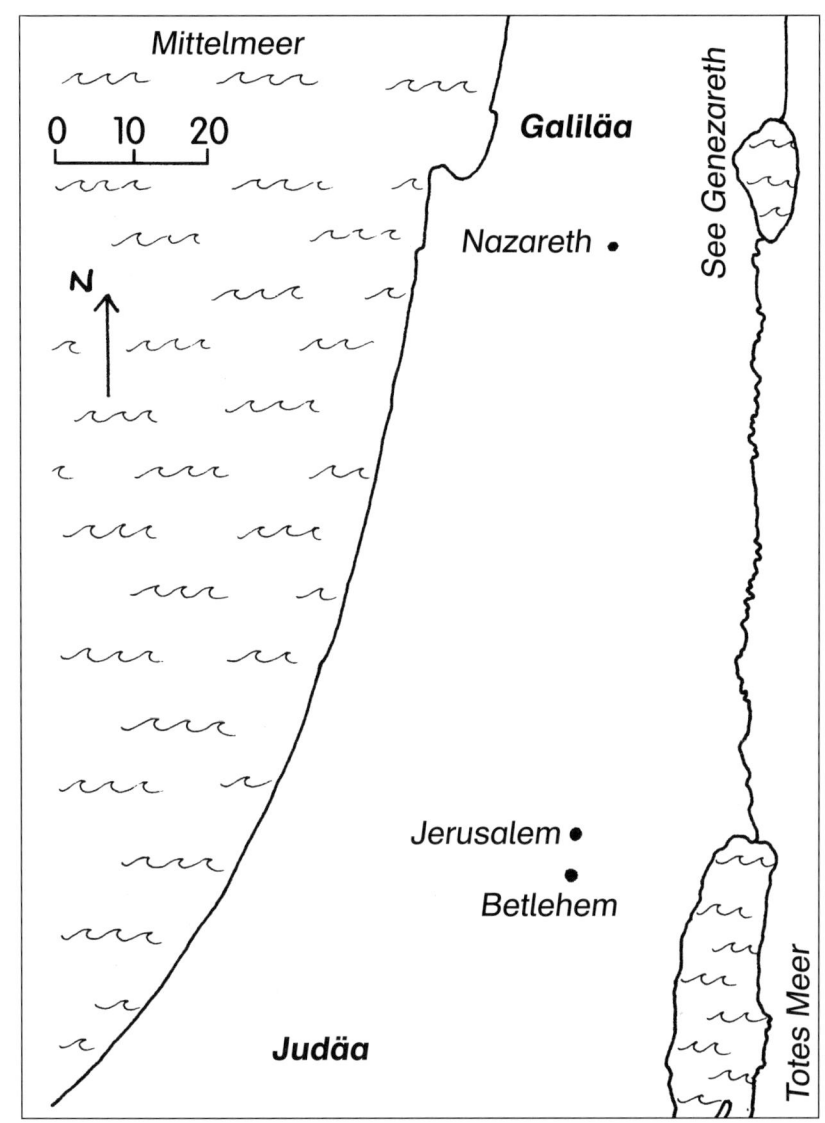

Dies ist die Karte von Palästina zur Zeit der Geburt Jesu Christi. Mit Hilfe der Maßangaben kannst du die ungefähren Entfernungen (in km) herausfinden.

Zeichne die Strecken in der Karte ein.

Die breiteste Stelle des Sees Genezareth:

_____ km.

Die Strecke von Nazareth nach Bethlehem:

_____ km.

Die Länge des Jordans vom See Genezareth bis zum Toten Meer:

_____ km.

Die Strecke von Jerusalem nach Bethlehem:

_____ km.

Die Länge der Mittelmeerküste:

_____ km.

Der Weihnachtsmann besucht Meierstadt

 Hilf dem Weihnachtsmann bei seinem Besuch in Meierstadt. Er beginnt seinen Besuch bei David (A1).

- In welche Richtung muss er von Josefs Haus aus gehen, um zu den Häusern in der Schmidtstraße zu gelangen? _____
- Nenne die Koordinaten für Karls Haus. _____
- In welche Richtung muss er von Giselas Haus aus gehen, um zu den Häusern in der Schmidtstraße zu gelangen? _____
- Danach besucht der Weihnachtsmann den Schnellimbiss. Nenne dessen Koordinaten. _____
- In welcher Straße steht Willis Haus? _____
- Wer wohnt in dem Haus mit den Koordinaten F4? _____
- Wo wohnt Julia? _____
- Wer wohnt in dem Haus mit den Koordinaten F2? _____
- In welche Richtung muss der Weihnachtsmann von diesem Haus aus gehen, um zu Mias Haus zu gelangen? _____

Nachdem der Weihnachtsmann alle Geschenke abgeliefert hat, möchte er sich eine Pause im Park gönnen.

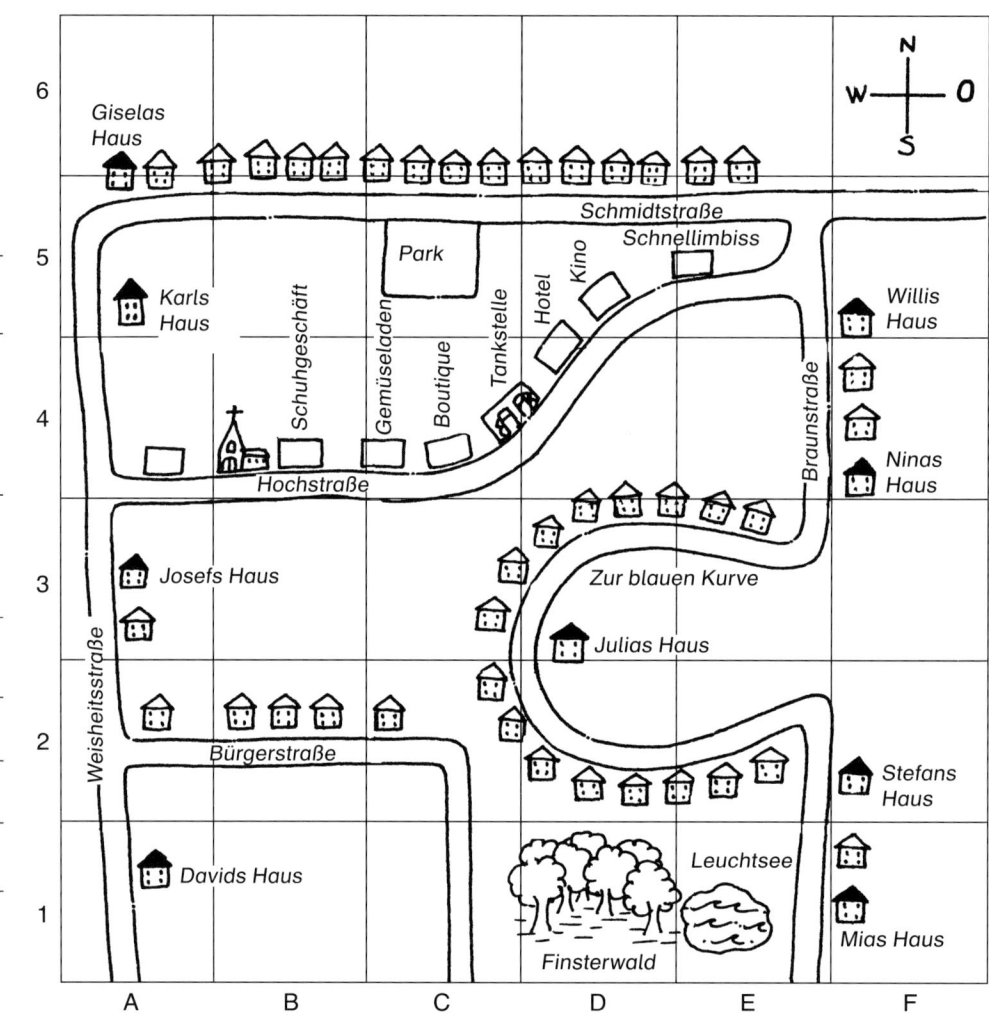

 Welche Möglichkeiten hat er dorthin zu gelangen, wenn er zuletzt bei Karoline war?

© Verlag an der Ruhr · Postfach 10 22 51 · 45422 Mülheim an der Ruhr · www.verlagruhr.de · ISBN 978-3-8346-0208-6

 Weihnachten für alle Fächer

Mit dem Weihnachtsmann rund um den Globus

 Folge der Reiseroute des Weihnachtsmannes beim Geschenkeverteilen über die ganze Welt.

Mit Hilfe eines Atlanten kannst du die Namen der Länder herausfinden, die er überfliegt.

 Schreibe hier die Namen der Länder auf, die der Weihnachtsmann besucht:

1. _____
2. _____
3. _____
4. _____
5. _____
6. _____
7. _____
8. _____
9. _____
10. _____
11. _____
12. _____
13. _____
14. _____
15. _____
16. _____
17. _____
18. _____
19. _____
20. _____

Nenne die Ozeane und Meere, an denen der Weihnachtsmann vorbeikommt.

A _____

B _____

C _____

D _____

E _____

F _____

G _____

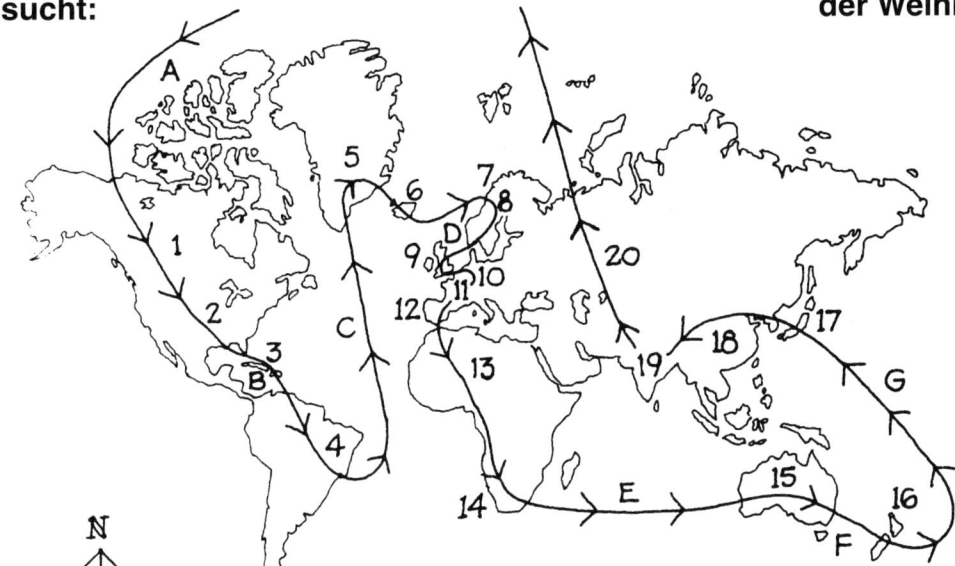

© Verlag an der Ruhr ☆ Postfach 10 22 51 ☆ 45422 Mülheim an der Ruhr ☆ www.verlagruhr.de ☆ ISBN 978-3-8346-0208-6

Die Geburt Jesu

★ Schneide die Bilder aus und klebe sie in der richtigen Reihenfolge im Heft auf. Erzähle die biblische Geschichte dazu.

Alt oder neu?

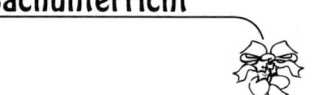

Zinnsoldat

Einige dieser Dinge wurden vor langer Zeit zu Weihnachten verschenkt, einige sind Geschenke von heute.

★ **Welche Geschenke sind alt und welche neu?**

Modell-Segelschiff

Puppe

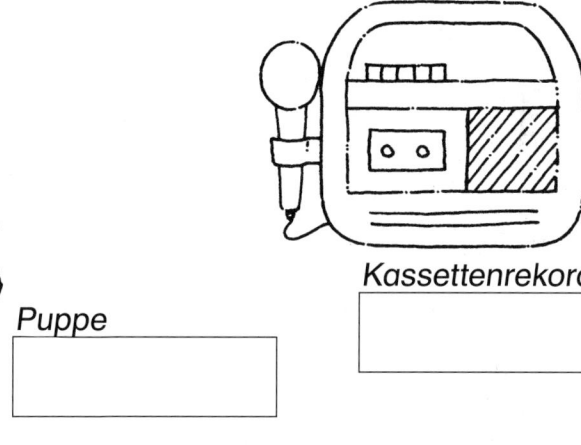

Kassettenrekorder

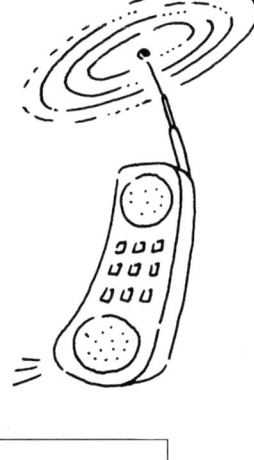

Handy

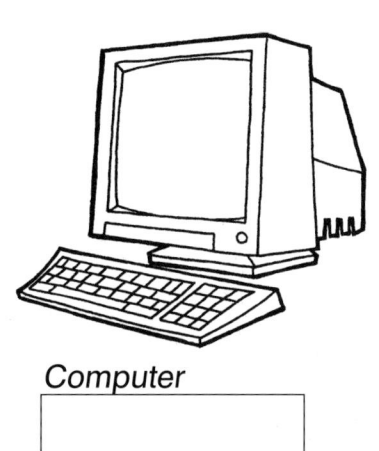

Computer

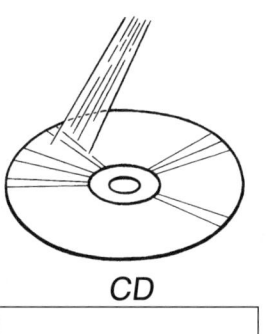

CD

Schaukelpferd

© Verlag an der Ruhr ☃ Postfach 10 22 51 ☃ 45422 Mülheim an der Ruhr ☃ www.verlagruhr.de ☃ ISBN 978-3-8346-0208-6

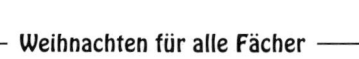

Biblische Kleidung

Diese Art von Kleidung wurde von den Menschen in Palästina zur Zeit der Geburt Jesu getragen.

 Welche Unterschiede und Ähnlichkeiten bestehen zwischen der Kleidung, die in biblischen Zeiten getragen wurde, und der, die wir heute tragen?

_____

_____

 Warum haben deiner Meinung nach die Menschen lange, wallende Gewänder getragen?

_____

_____

 In welchen Ländern wird bis heute noch eine ähnliche Kleidung getragen?

_____

_____

 Zeichne ein Bild der Kleidung, die wir heutzutage tragen.

© Verlag an der Ruhr ☙ Postfach 10 22 51 ☙ 45422 Mülheim an der Ruhr ☙ www.verlagruhr.de ☙ ISBN 978-3-8346-0208-6

Eine weihnachtliche Zeitleiste

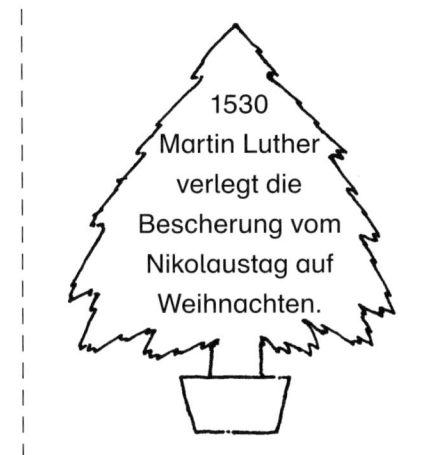

1530
Martin Luther
verlegt die
Bescherung vom
Nikolaustag auf
Weihnachten.

1860
Weihnachtskarten
sind sehr beliebt.

Auf dieser Seite findest du neun historische Informationen über weihnachtliche Gebräuche.

★ **Schneide die Bilder aus und klebe sie in der richtigen Reihenfolge auf, sodass sich eine Zeitleiste ergibt.**

★ **Überlege, welche Weihnachtsbräuche auch heute noch gepflegt werden. Finde heraus, wann sie eingeführt wurden.**

1846
Henry Cole
erfindet die erste
Weihnachtskarte.

1870
Die englische
Post führt
verbilligtes Porto
für Weihnachts-
karten ein.

1841
Prinz Albert
führt die Tradition
des Weihnachts-
baums in Groß-
britannien ein.

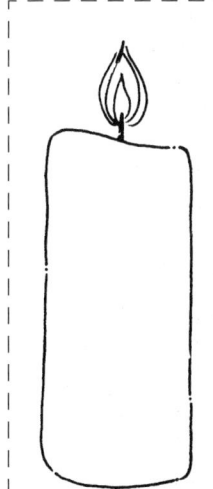

1818
In Österreich
erklingt zum ersten
Mal das
Weihnachtslied
„Stille Nacht".

© Verlag an der Ruhr ⌂ Postfach 10 22 51 ⌂ 45422 Mülheim an der Ruhr ⌂ www.verlagruhr.de ⌂ ISBN 978-3-8346-0208-6

Tatsache oder Meinung?

Hier findest du Aussagen, die entweder eine Tatsache (also wahr) sind oder eine Meinung zum Thema „Weihnachten" ausdrücken.

 Stelle fest, bei welchen Sätzen es sich um eine Tatsache handelt. Die entsprechenden Weihnachtskugeln malst du blau aus. Die Kugeln, in denen eine Meinung steht, werden rot ausgemalt.

 Erkläre, woran man erkennt, ob es sich um Tatsachen oder Meinungen handelt.

 Sammle noch mehr Tatsachen und Meinungen über Weihnachten. Sprich mit deinen Mitschülern darüber, ob sie die gleiche Meinung haben wie du.

Der Weihnachtsmann und der Heilige Nikolaus sind ein und dieselbe Person.

Maria und Josef reisten nach Bethlehem, weil sich Josef in die Steuerlisten eintragen lassen musste.

Mit dem Weihnachtsfest feiern wir die Geburt Jesu Christi.

Es ist schöner, zu schenken, als beschenkt zu werden.

Weihnachten ist die schönste Zeit im ganzen Jahr.

In einigen Ländern wird Weihnachten im Sommer gefeiert.

Alle essen gerne Weihnachtsgänse und Weihnachtsgebäck.

Es macht Spaß, Weihnachtslieder zu singen.

© Verlag an der Ruhr · Postfach 10 22 51 · 45422 Mülheim an der Ruhr · www.verlagruhr.de · ISBN 978-3-8346-0208-6

Weihnachtliches Kreuzworträtsel

© Verlag an der Ruhr ☆ ☎ Postfach 10 22 51 ☆ ☎ 45422 Mülheim an der Ruhr ☆ ☎ www.verlagruhr.de ☆ ☎ ISBN 978-3-8346-0208-6

Waagerecht: ➡

2. Das Gebiet zwischen Mittelmeer und Jordan
7. Die Heiligen **(?)** Könige
10. Ein schönes Weihnachtslied (6 + 5 Buchstaben)
11. Er stand im Stall zu Bethlehem
12. Marias Kopfbedeckung
14. Dieser Erzengel besuchte Maria
17. Zu Weihnachten verschicken wir Weihnachts**(?)**
19. Wer verlegte die Bescherung vom Nikolaustag auf Weihnachten?
21. Rudolf ist ein **(?)**tier
22. Die Stadt, in der Maria lebte
24. Helfer Gottes und des Weihnachtsmanns
25. Ein schönes Weihnachtslied: O **(?)**
26. Der typische Braten: die Weihnachts**(?)**
27. Der König von Judäa zur Zeit der Geburt Christi

Senkrecht: ⬇

1. Weihnachten ist das Fest der **(?)**
3. Krippen**(?)**
4. Bevölkerungsstamm in Palästina: die **(?)**

5. Noahs Schiff
6. Vier Kerzen stehen auf dem **(?)**
8. Ein typischer Weihnachtskuchen: der Christ**(?)**
9. Zu Weihnachten oft zu hören: der **(?)** der Glocken
13. So nennen wir Jesus zur Weihnachtszeit
15. In einem Stall in **(?)** wurde Jesus geboren
16. Wenn er Weihnachten fällt, sind alle Kinder froh

18. Das gehört eher zum Osterfest
20. In diesem Monat feiern wir Weihnachten
22. Rudolf das Rentier hat eine rote **(?)**
23. Ein unpassender Weihnachtsgruß
25. Einmal werden wir noch wach, heiße dann ist Weihnachts**(?)**

Weihnachten zu Omas und Opas Zeiten

 Befragt eure Großeltern oder andere ältere Personen dazu, wie in ihrer Kindheit Weihnachten gefeiert wurde.

 Nach den Interviews könnt ihr vergleichen: Wie hat man früher Weihnachten gefeiert, wie feiert man es heute?

Mögliche Interviewfragen:

Frage: Was für Geschenke hast du zu Weihnachten bekommen?

Antwort: _____

F.:   Wie viel Geld hattest du, um Weihnachtsgeschenke zu kaufen?

A.: _____

F.:   Welcher Weihnachtsschmuck war in deiner Kindheit beliebt?

A.: _____

F.:   Wurden in deiner Schule Weihnachtskonzerte gegeben?

A.: _____

F.:   Wie lang waren damals die Weihnachtsferien?

A.: _____

F.:   Was habt ihr Heiligabend und an den Weihnachtstagen gegessen?

A.: _____

F.:   Hast du deinen Eltern bei den Weihnachtsvorbereitungen geholfen?

A.: _____

F.:   Bist du zu Weihnachten zur Kirche gegangen?

A.: _____

F.:   Wie hieß dein Lieblingsweihnachtslied?

A.: _____

F.:   Wie habt ihr den Heiligabend verbracht?

A.: _____

F.:   Wie sah euer Weihnachtsbaum aus?

A.: _____

F.:   Was hat dir an Weihnachten am besten gefallen?

A.: _____

© Verlag an der Ruhr · Postfach 10 22 51 · 45422 Mülheim an der Ruhr · www.verlagruhr.de · ISBN 978-3-8346-0208-6

Weihnachtskarten

Das Bild unten zeigt dir, welche Motive vor etwa 150 Jahren auf Weihnachtskarten zu finden waren.

FROHE WEIHNACHTEN
UND EIN GLÜCKLICHES
NEUES JAHR

Die erste Weihnachtskarte wurde 1846 gedruckt. Sie war eine Idee des Engländers Henry Cole, der Museumsdirektor in London war.

 Schau dir das Bild genau an und beantworte dann die Fragen rechts.

Was macht die Familie in der Mitte der Karte?

_____

_____

Was zeigen die beiden anderen Zeichnungen?

_____

_____

In welcher Weise ähnelt die Karte heutigen Weihnachtskarten?

_____

_____

Wodurch unterscheidet sie sich von heutigen Karten?

_____

_____

Welche Motive finden sich auf heutigen Weihnachtskarten?

_____

_____

© Verlag an der Ruhr ☆ Postfach 10 22 51 ☆ 45422 Mülheim an der Ruhr ☆ www.verlagruhr.de ☆ ISBN 978-3-8346-0208-6

Der Fall „Weihnachten"

 Versuche, die folgenden Fragen zu beantworten:

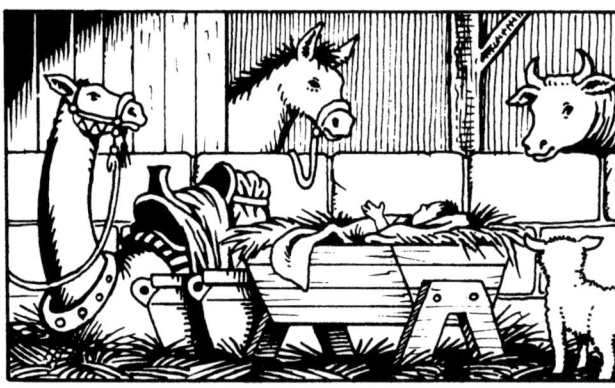

Wo wohnten Maria und Josef, bevor Jesus geboren wurde?

_____

Wie hieß der Erzengel, der Maria aufsuchte?

_____

Warum reisten Maria und Josef nach Bethlehem?

_____

Warum wurde Jesus in einem Stall geboren?

_____

In was wurde Jesus nach seiner Geburt eingewickelt?

_____

Warum besuchten die Schafhirten den neugeborenen Jesus?

_____

Wer war zur Zeit der Geburt Jesu König von Judäa?

_____

Wie fanden die Heiligen Drei Könige Jesus?

_____

Welche Geschenke brachten die Heiligen Drei Könige Jesus?

_____

Wo lebte der König Herodes?

_____

Wer war zur Zeit der Geburt Jesu römischer Kaiser?

_____

Wie heißt der Fluss, der vom See Genezareth zum Toten Meer fließt?

_____

Was taten die Heiligen Drei Könige, nachdem sie Jesus besucht hatten?

_____

© Verlag an der Ruhr · Postfach 10 22 51 · 45422 Mülheim an der Ruhr · www.verlagruhr.de · ISBN 978-3-8346-0208-6

Weihnachtsbräuche

Beantworte die folgenden Fragen. Lass dir von einem Erwachsenen helfen oder schau im Internet nach, wenn du nicht weiterweißt.

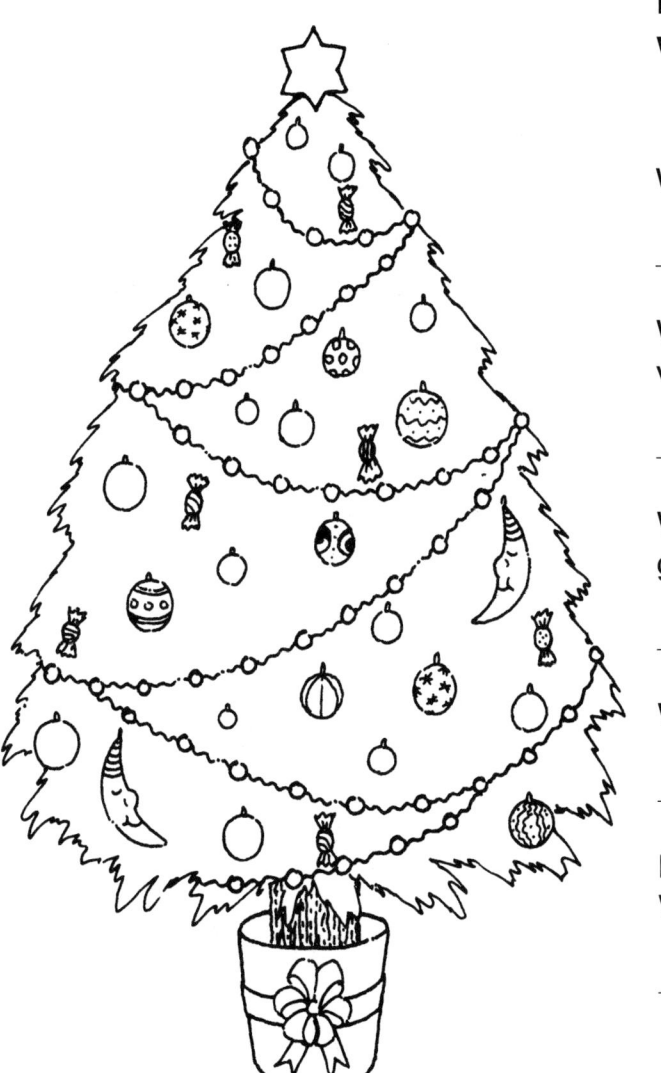

Wann beginnt der Advent?

_____

Wer verlegte im 16. Jh. die Bescherung vom Nikolaustag auf Weihnachten?

_____

Wann wurde die erste Weihnachtskarte gedruckt?

_____

Was ist ein Krippenspiel?

_____

Kennst du noch andere Namen für den Weihnachtsmann?

_____

Welcher Erzengel besuchte Maria?

_____

Wann feiern wir das Dreikönigsfest?

_____

Wie heißt der Tag vor den beiden Weihnachtstagen?

_____

In welchem Monat feiern wir Weihnachten?

_____

Was symbolisiert der Weihnachtsstern?

_____

© Verlag an der Ruhr ☆ Postfach 10 22 51 ☆ 45422 Mülheim an der Ruhr ☆ www.verlagruhr.de ☆ ISBN 978-3-8346-0208-6

Die Weihnachtsgeschichte

 Ergänze im folgenden Text die fehlenden Wörter. Wenn du nicht weiterkommst, kannst du in der Bibel nachschauen. (Lukas 2,1; 2,3–12)

Es begab sich aber zu der Zeit, dass ein Gebot von dem

_____ Augustus ausging, dass

alle Welt geschätzt würde.

Und jedermann ging, dass er sich schätzen ließe, ein jeglicher

in seine _____.

Da machte sich auf auch _____ aus

Galiläa, aus der Stadt Nazareth, in das jüdische Land zur Stadt

Davids, die da heißt _____, darum

dass er von dem Hause und dem Geschlechte Davids war, auf

dass er sich schätzen ließe mit _____,

seinem vertrauten Weibe, die war schwanger. Und als sie daselbst

waren, kam die Zeit, dass sie _____

sollte. Und sie gebar ihren ersten _____ und

Zeichne die Weihnachtsgeschichte als Bildergeschichte.

wickelte ihn in _____ und legte ihn in eine

_____; denn sie hatten sonst keinen

Raum in der _____. Und es waren

Hirten in derselben Gegend auf dem Felde bei den Hürden, die

hüteten des Nachts ihre _____. Und siehe,

des Herrn Engel trat zu ihnen und die Klarheit des Herrn leuchtete

um sie; und sie fürchteten sich sehr. Und der _____

sprach zu ihnen: Fürchtet euch nicht! Siehe, ich verkündige euch

große Freude, die allem Volk widerfahren wird; denn euch ist

heute der _____ geboren, welcher ist

Christus, der Herr, in der Stadt Davids. Und das habt zum Zeichen:

Ihr werdet finden das Kind in _____

gewickelt und in einer _____ liegen.

© Verlag an der Ruhr ☆ Postfach 10 22 51 ☆ 45422 Mülheim an der Ruhr ☆ www.verlagruhr.de ☆ ISBN 978-3-8346-0208-6

Geschenkanhänger/Namenskärtchen

⭐ **Gestalte die Weihnachtsanhänger unterschiedlich. Du kannst auch eigene Anhänger entwerfen.**
Tipp: Die Anhänger eignen sich auch prima als Namenskärtchen.

Von: _____

Für: _____

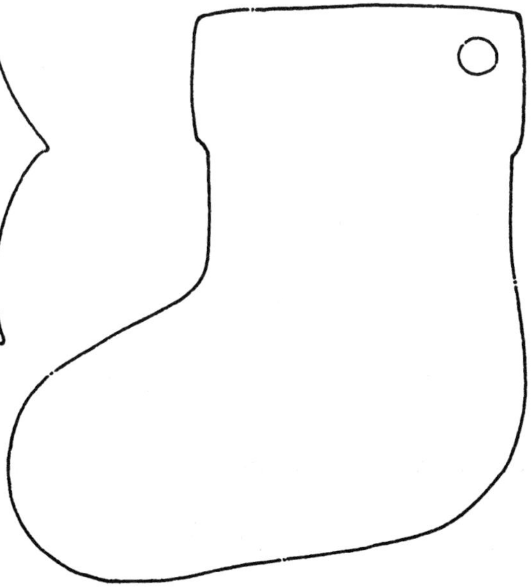

© Verlag an der Ruhr ✻ ✉ Postfach 10 22 51 ✻ ✉ 45422 Mülheim an der Ruhr ✻ ✉ www.verlagruhr.de ✻ ✉ ISBN 978-3-8346-0208-6

Weihnachtliche Briefmarken

Auf Weihnachtspost gehören auch besondere Briefmarken.

★ **Überlege dir, was du diese Weihnachten gerne als Briefmarkenmotiv sehen würdest, und entwirf deine eigene Marke.**

★ **Benutze das Feld unten für den Entwurf einer Weihnachtskarte.**

© Verlag an der Ruhr · Postfach 10 22 51 · 45422 Mülheim an der Ruhr · www.verlagruhr.de · ISBN 978-3-8346-0208-6

Weihnachtswerbung

 Entwirf eine Werbe-Anzeige, die ein ganz neues Spielzeug vorstellt, das zu Weihnachten verkauft werden soll. Bevor du damit anfängst, solltest du diese Fragen beantworten. Sie helfen dir dabei, deine Anzeige zu planen.

Welche Zeichnungen werde ich brauchen?

_____

Wie soll der Werbeslogan oder der Aufmacher lauten?

_____

Welche besonderen Merkmale des neuen Spielzeugs sollen erwähnt werden?

_____

Was wird das längste Wort in der Anzeige aussagen?

_____

© Verlag an der Ruhr ✲ ☎ Postfach 10 22 51 ✲ ☎ 45422 Mülheim an der Ruhr ✲ ☎ www.verlagruhr.de ✲ ☎ ISBN 978-3-8346-0208-6

Ein neues Spielzeug zu Weihnachten

Mein Entwurf

 Beantworte die Fragen:

Welche neuen Spielzeuge sollten deiner Meinung nach unbedingt erfunden werden?

_____

_____

Mache eine kleine Meinungsumfrage unter deinen Freunden und Freundinnen, welche Spielzeuge sie am liebsten hätten.

Wähle einen dieser Vorschläge aus und entwirf dieses Spielzeug.

Welche Besonderheiten hat das neue Spielzeug?

_____

Zeichne deinen Entwurf in den großen Kasten.

Welchen Namen soll dieses Spielzeug tragen?

_____

Denke einen Namen für die Firma aus, die dieses Spielzeug herstellt.

_____

 © Verlag an der Ruhr ☙ Postfach 10 22 51 ☙ 45422 Mülheim an der Ruhr ☙ www.verlagruhr.de ☙ ISBN 978-3-8346-0208-6

Einladungen für eine Weihnachtsparty

Mein Entwurf

Unten siehst du eine Einladungskarte für eine Weihnachtsparty.

 Schau sie dir genau an. Welche wichtigen Dinge enthält die Einladungskarte?

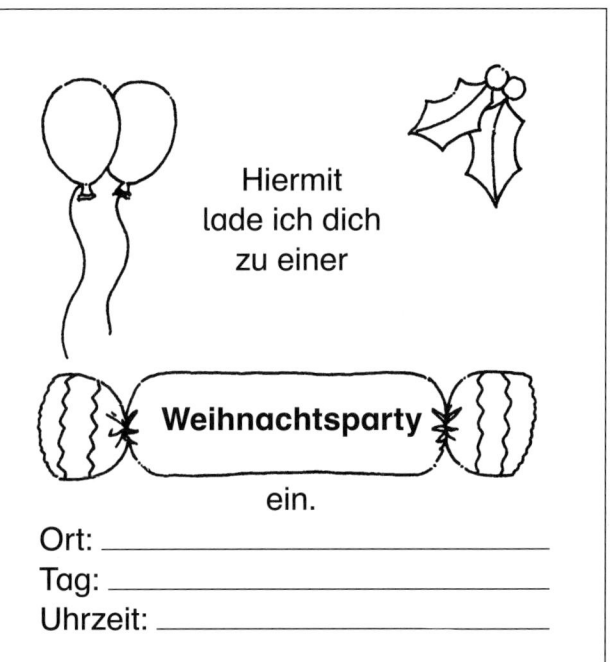

Hiermit lade ich dich zu einer

Weihnachtsparty

ein.

Ort: _____

Tag: _____

Uhrzeit: _____

 Nun kannst du eine eigene Einladungskarte entwerfen.

© Verlag an der Ruhr · Postfach 10 22 51 · 45422 Mülheim an der Ruhr · www.verlagruhr.de · ISBN 978-3-8346-0208-6

Weihnachtsdekorationen

 Male das Muster farbig aus. Benutze wiederkehrende Farben.
Schau dir deinen Entwurf zum Schluss an.
Ist das Muster gleichmäßig?
Ist es symmetrisch?

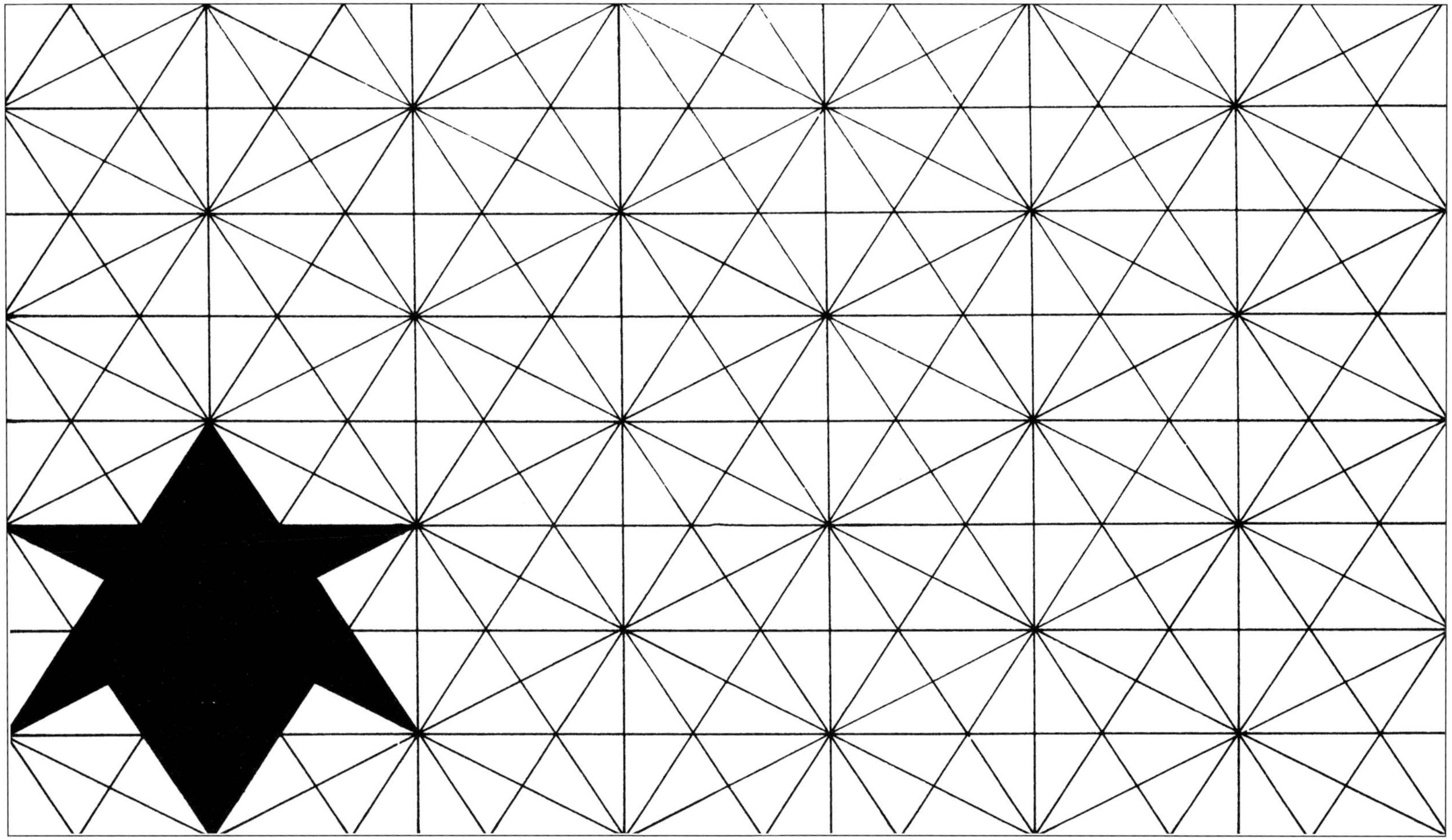

© Verlag an der Ruhr 🔒 Postfach 10 22 51 🔒 45422 Mülheim an der Ruhr 🔒 www.verlagruhr.de 🔒 ISBN 978-3-8346-0208-6

Eine Spielzeugmaschine

© Verlag an der Ruhr ✶ ☎ Postfach 10 22 51 ✶ ☎ 45422 Mülheim an der Ruhr ☎ ✶ www.verlagruhr.de ☎ ✶ ISBN 978-3-8346-0208-6

Die Engel des Weihnachtsmannes benötigen dringend eine Maschine, die ihnen hilft, neues Spielzeug zu bauen.

 Entwirf eine Maschine oder einen Roboter, die die folgenden Dinge erledigen können:

schneiden – kleben – messen – zusammensetzen – zusammenheften – einpacken – beschriften

 Deinen Entwurf kannst du in den rechts stehenden Kasten malen. Wenn du noch mehr Platz dafür brauchst, kannst du die Rückseite dieses Blattes benutzen.

Mein Entwurf

Ein neuer Schlitten für den Weihnachtsmann

Der Weihnachtsmann ist mit seinem altmodischen Schlitten überhaupt nicht mehr zufrieden! Er möchte dringend einen neuen und deshalb hat er eine Wunschliste an die Schlittenfabrik geschickt.

 Entwirf einen neuen Schlitten, der wirklich alle Wünsche des Weihnachtsmannes erfüllt.

Alter Schlitten

Wie mein neuer Schlitten aussehen sollte:
- eine andere, windschnittige Form
- ein- und ausfahrbare Räder für schneefreien Boden
- gemütlichere Sitze
- Scheinwerfer für Nachtfahrten
- eine bunte, poppige Lackierung
- eine gute Bremsvorrichtung für Notbremsungen
- eine Vorrichtung, um ihn auch im Wasser benutzen zu können

Mit freundlichen Grüßen, dein Weihnachtsmann

Mein Entwurf

© Verlag an der Ruhr ☆ 🖂 Postfach 10 22 51 ☆ 🕿 45422 Mülheim an der Ruhr ☆ 🖥 www.verlagruhr.de ☆ 📖 ISBN 978-3-8346-0208-6

Adventskalender-Vorlage (1/2)

© Verlag an der Ruhr ☼ ⌂ Postfach 10 22 51 ☼ ⌂ 45422 Mülheim an der Ruhr ☼ ⌂ www.verlagruhr.de ☼ ⌂ ISBN 978-3-8346-0208-6

Adventskalender-Vorlage (2/2)

⭐ **Anleitung:**

Male das Bild auf der anderen Seite bunt aus und schneide das Papier entlang der gestrichelten Linien ein.

Zeichne in die Kästchen auf dieser Seite kleine Bildchen.

Klebe beide Seiten aufeinander. Die von dir gemalten Bildchen sollten innen liegen. Sie werden von den Türchen des ersten Bildes verdeckt.

Schreibe die Zahlen von 1 bis 24 auf die Türchen.

© Verlag an der Ruhr ⚜ Postfach 10 22 51 ⚜ 45422 Mülheim an der Ruhr ⚜ www.verlagruhr.de ⚜ ISBN 978-3-8346-0208-6

Eine Weihnachtsfaltkarte

A

Frohe
Weihnachten

B   B

Klebefläche

© Verlag an der Ruhr ☆ Postfach 10 22 51 ☆ 45422 Mülheim an der Ruhr ☆ www.verlagruhr.de ☆ ISBN 978-3-8346-0208-6

A

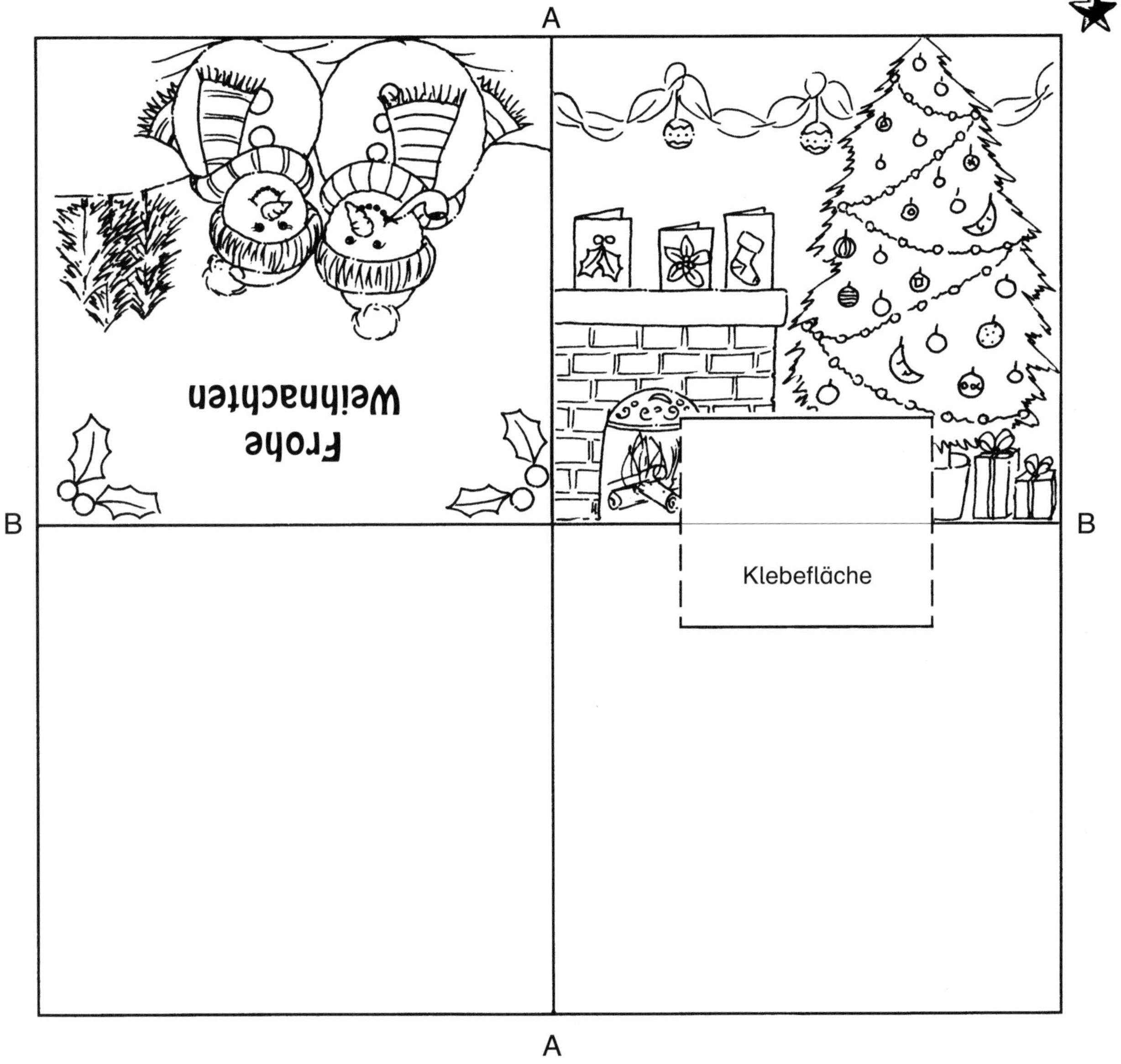

Erstelle dir eine eigene Weihnachtsfaltkarte.

Male die Bilder bunt aus. Schneide die Karte und den Weihnachtsmann unten auf der Seite aus. Schneide das kleine Fenster entlang der gestrichelten Linie ein. Falte die Karte entlang der Linie A. Das kleine Kästchen mit den eingeschnittenen Seiten klappst du vorsichtig so nach vorn, dass sich eine kleine Treppenstufe bildet. Den Weihnachtsmann klebst du mit den Füßen und Beinen an die untere Hälfte dieser Treppenstufe. Achte darauf, dass sich an der oberen Hälfte des Weihnachtsmanns kein Klebstoff befindet. Nun wird das Kärtchen entlang der Linie B gefaltet, sodass von vorn die Worte „Frohe Weihnachten" zu lesen sind. Wenn du nun das Kärtchen aufklappst, kommt der Weihnachtsmann aus dem Kärtchen heraus. Jetzt musst du nur noch einen Weihnachtsgruß hineinschreiben.

Ein Kirchenfenster

 So kannst du ein Kirchenfenster basteln:

Pause das Fenstermuster auf Kartonpapier durch.

Schneide dann die Formen entlang der Linien vorsichtig aus.

Klebe buntes Transparentpapier auf die Rückseite.

Schreibe „Frohe Weihnachten" oder einen
anderen Weihnachtsgruß auf die
Vorderseite.

Nun kannst du das bunte
Fensterglas vor eine
Fensterscheibe hängen,
sodass das Licht von
außen hindurch-
scheint.

Frohe Weihnachten

© Verlag an der Ruhr ⌂ Postfach 10 22 51 ⌂ 45422 Mülheim an der Ruhr ⌂ www.verlagruhr.de ⌂ ISBN 978-3-8346-0208-6

Eine Laterne

© Verlag an der Ruhr ☎ Postfach 10 22 51 ☎ 45422 Mülheim an der Ruhr ☎ www.verlagruhr.de ☎ ISBN 978-3-8346-0208-6

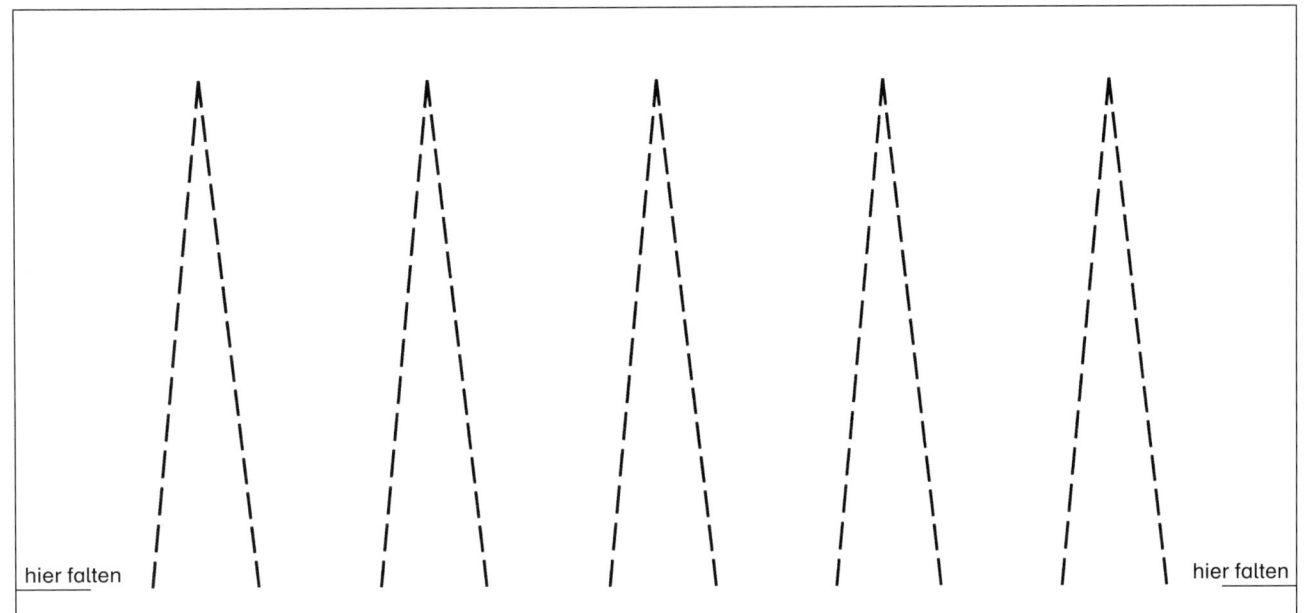

hier falten   hier falten

 Bastle dir eine Laterne:

Male in den Kasten links eine bunte Weihnachtsszene.

Dann schneidest du den Kasten aus und faltest ihn entlang der Mittellinie. Jetzt kannst du das Papier vorsichtig entlang der gestrichelten Linien einschneiden.

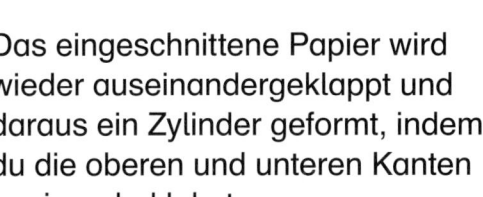

Das eingeschnittene Papier wird wieder auseinandergeklappt und daraus ein Zylinder geformt, indem du die oberen und unteren Kanten aneinanderklebst.
Befestige oben einen Papierstreifen als Bügel.

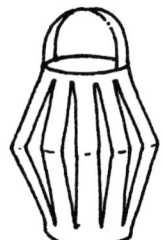

Weihnachtliche Lesezeichen

 Pause die Lesezeichen auf Kartonpapier durch.

 Male die Motive bunt und schneide die Lesezeichen sorgfältig aus.

Du kannst sie auch mit Selbstklebefolie beziehen oder laminieren.

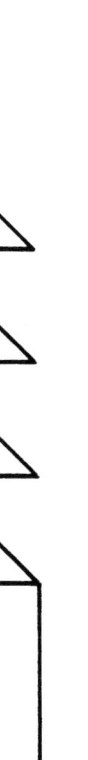

FRÖHLICHE
WEIHNACHTEN

FRIEDE
AUF ERDEN

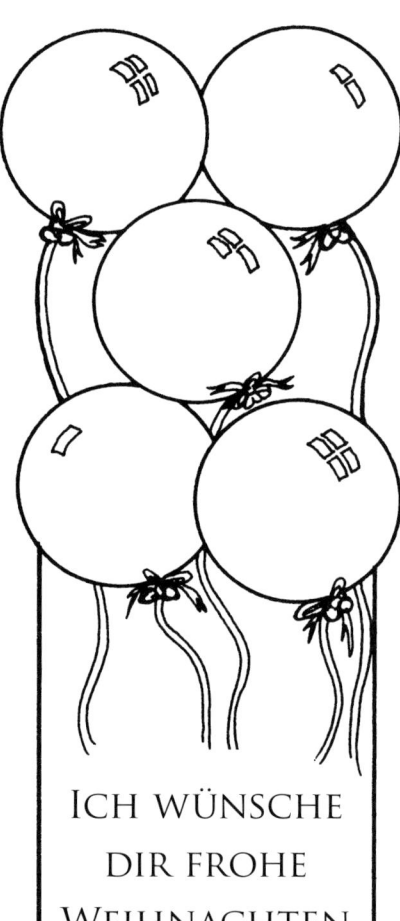

ICH WÜNSCHE
DIR FROHE
WEIHNACHTEN

© Verlag an der Ruhr · Postfach 10 22 51 · 45422 Mülheim an der Ruhr · www.verlagruhr.de · ISBN 978-3-8346-0208-6

Weihnachtsmann-Mobile

Bastle dir ein Weihnachtsmann-Mobile:

Diese Formen werden auf Kartonpapier gepaust, bunt ausgemalt und dann ausgeschnitten.

Die einzelnen Teile verbindest du wie links abgebildet mit den Fäden. Die Arme klebst du auf. Um ein beidseitig buntes Mobile herzustellen, musst du nur jedes Teil zweimal pausen, bemalen und ausschneiden. Die jeweils gleichen Teile klebst du dann mit den Rückseiten aneinander.

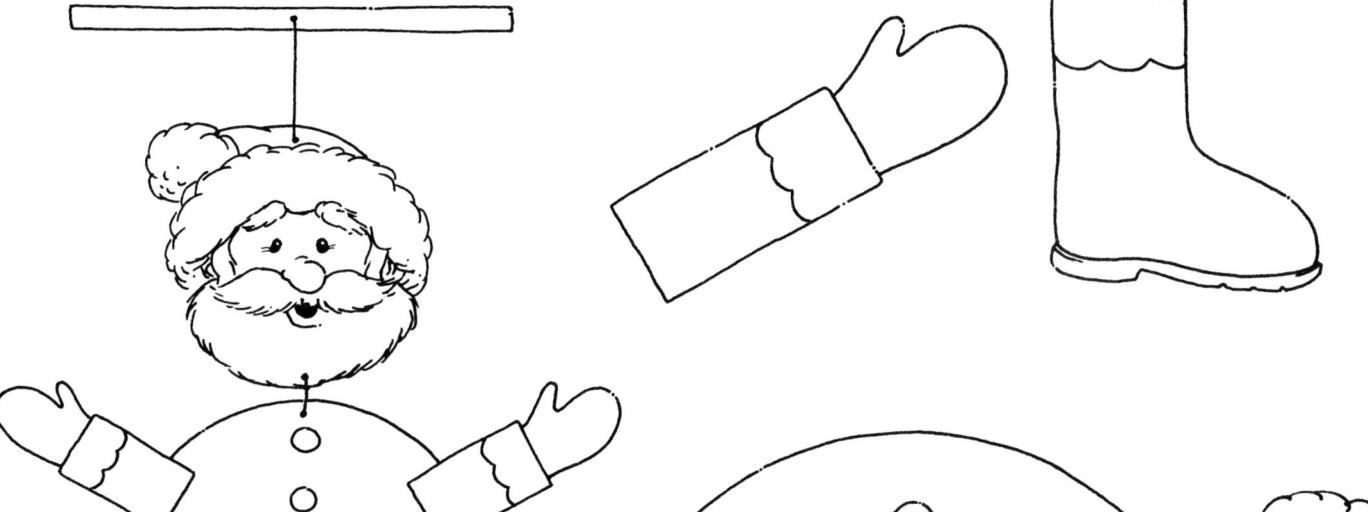

© Verlag an der Ruhr ✻ Postfach 10 22 51 ✻ 45422 Mülheim an der Ruhr ✻ www.verlagruhr.de ✻ ISBN 978-3-8346-0208-6

Eine Weihnachtskrippe (1/3)

 Bastle dir eine Weihnachtskrippe:

Pause die Umrisse der Figuren auf Kartonpapier oder Filz durch. Dann schneidest du sie entlang der gestrichelten Linien aus. Nun werden die Tiere an den durchgezogenen Linien gefaltet. Jedes Tier wird bunt ausgemalt oder mit Pelz- oder Stoffresten beklebt. Wenn du die Tiere aus Filz ausgeschnitten hast, musst du noch Augen, Nasenlöcher und beim Ochsen die Ohren und Hörner nachzeichnen.

Esel

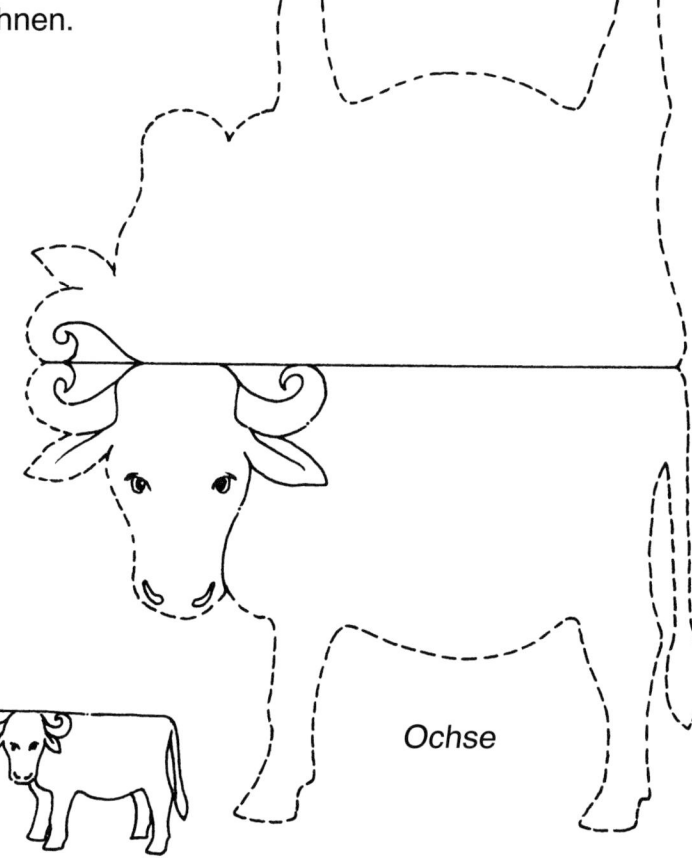

Ochse

© Verlag an der Ruhr · Postfach 10 22 51 · 45422 Mülheim an der Ruhr · www.verlagruhr.de · ISBN 978-3-8346-0208-6

Eine Weihnachtskrippe (2/3)

© Verlag an der Ruhr ⬩ ⌂ Postfach 10 22 51 ⬩ ☆ 45422 Mülheim an der Ruhr ⬩ ☆ www.verlagruhr.de ⬩ ⌂ ISBN 978-3-8346-0208-6

A

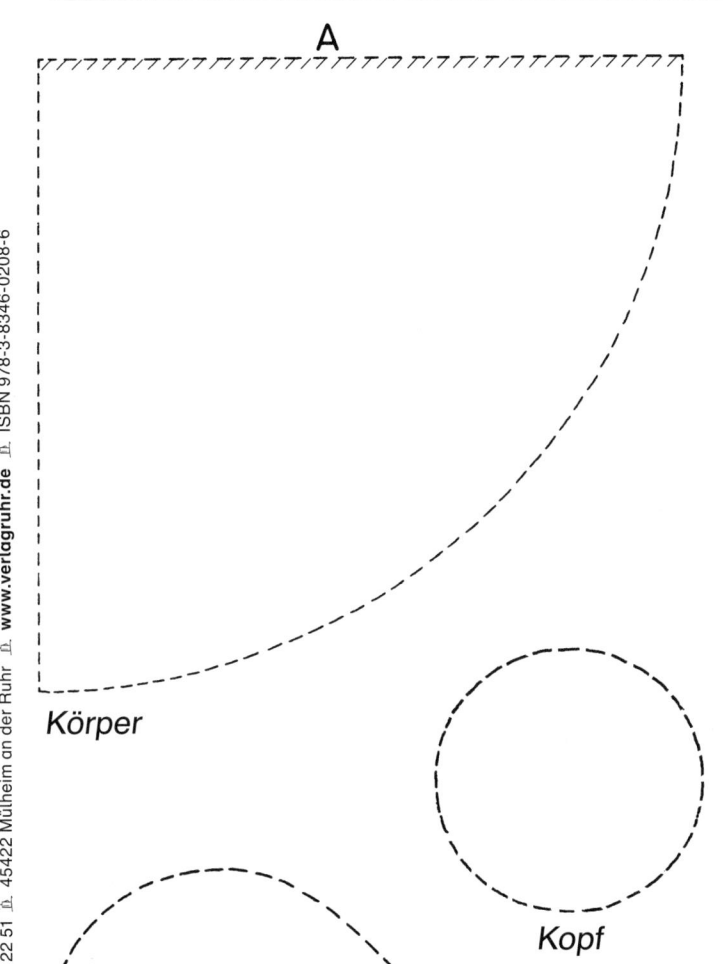

Körper

Kopf

Flügel

Die Umrisse paust du auf Kartonpapier. Dann schneidest du sie entlang den gestrichelten Linien aus.

Beim Zeichnen der Kleidung und Gesichter kannst du dich an den kleinen Abbildungen orientieren. Danach werden die Figuren bunt ausgemalt. Forme das Papier jeweils zu einem kegelförmigen Körper und klebe es an der Kante A zusammen. Befestige den Kopf (und beim Engel auch die Flügel) am Körper. Dann kannst du mit Papier- und Stoffresten die verschiedenen Figuren schmücken. Benutze etwa Wollreste für Josefs Bart und glitzernden Stoff für den Heiligenschein des Engels.

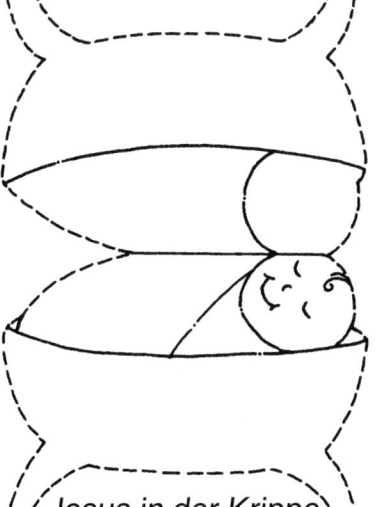

Jesus in der Krippe

Josef

Maria

Engel

A

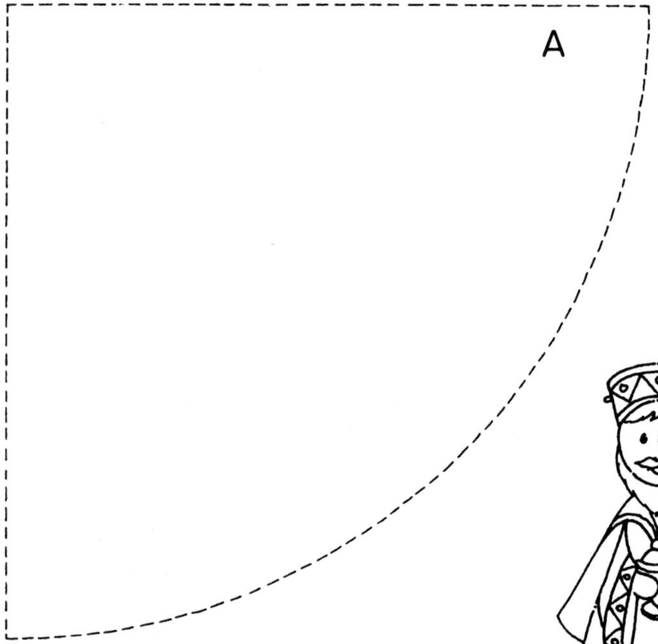

Körper

Kopf

Heilige Drei Könige

Hirte

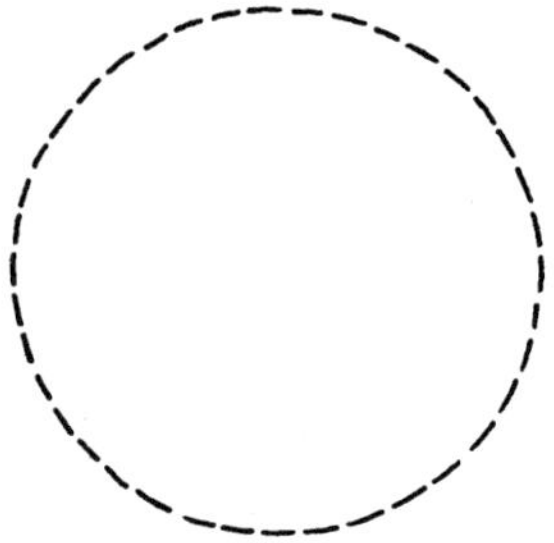

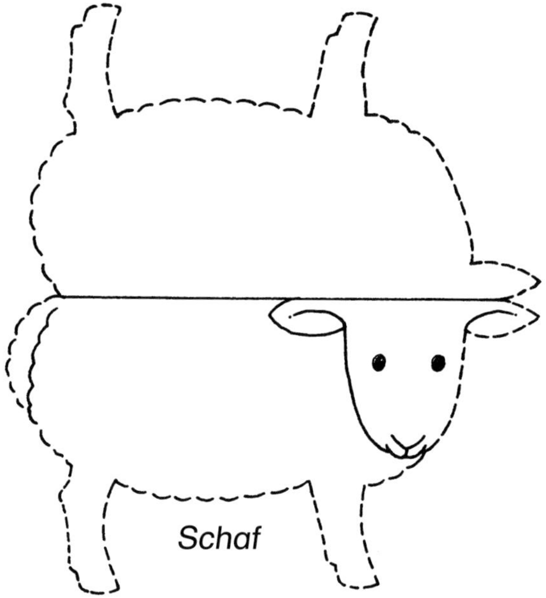

Schaf

© Verlag an der Ruhr ☎ Postfach 10 22 51 ☎ 45422 Mülheim an der Ruhr ☎ www.verlagruhr.de ☎ ISBN 978-3-8346-0208-6

Weihnachtsalphabet

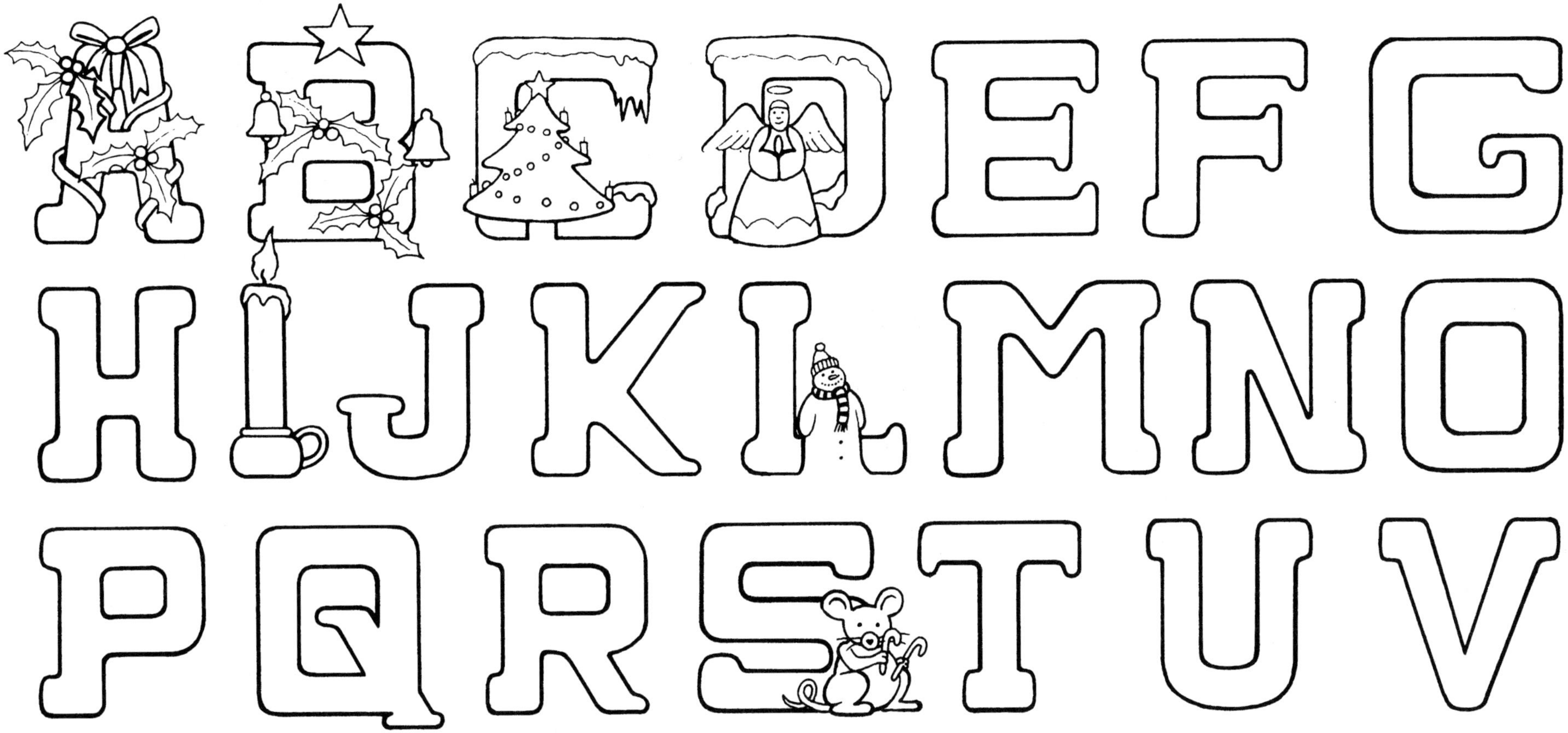

© Verlag an der Ruhr ⌂ Postfach 10 22 51 ⌂ 45422 Mülheim an der Ruhr ⌂ www.verlagruhr.de ⌂ ISBN 978-3-8346-0208-6

A B C D E F G

H I J K L M N O

P Q R S T U V

W X Y Z

★ Hast du Lust, ein weihnachtliches Wandgemälde herzustellen? **Hier kannst du jeden Buchstaben weihnachtlich schmücken und dann bunt ausmalen. Einige Buchstaben sind schon fast fertig.**

Weihnachtliches Papier

 Zeichne in jedes Kästchen das vorgegebene Muster.
Male es bunt und schneide es dann aus.
Du kannst es als Dekorationspapier benutzen.

© Verlag an der Ruhr · Postfach 10 22 51 · 45422 Mülheim an der Ruhr · www.verlagruhr.de · ISBN 978-3-8346-0208-6

Weihnachtsszene

© Verlag an der Ruhr ☼ Postfach 10 22 51 ☼ 45422 Mülheim an der Ruhr ☼ www.verlagruhr.de ☼ ISBN 978-3-8346-0208-6

Schneemann und Kranz

© Verlag an der Ruhr · Postfach 10 22 51 · 45422 Mülheim an der Ruhr · www.verlagruhr.de · ISBN 978-3-8346-0208-6

Ochse und Josef

© Verlag an der Ruhr ✆ Postfach 10 22 51 ✆ 45422 Mülheim an der Ruhr ✆ www.verlagruhr.de ✆ ISBN 978-3-8346-0208-6

Glocke und Kirche

© Verlag an der Ruhr ⌂ Postfach 10 22 51 ⌂ 45422 Mülheim an der Ruhr ⌂ www.verlagruhr.de ⌂ ISBN 978-3-8346-0208-6

Weihnachten für alle Fächer

Stutenkerl und Weihnachtsgans

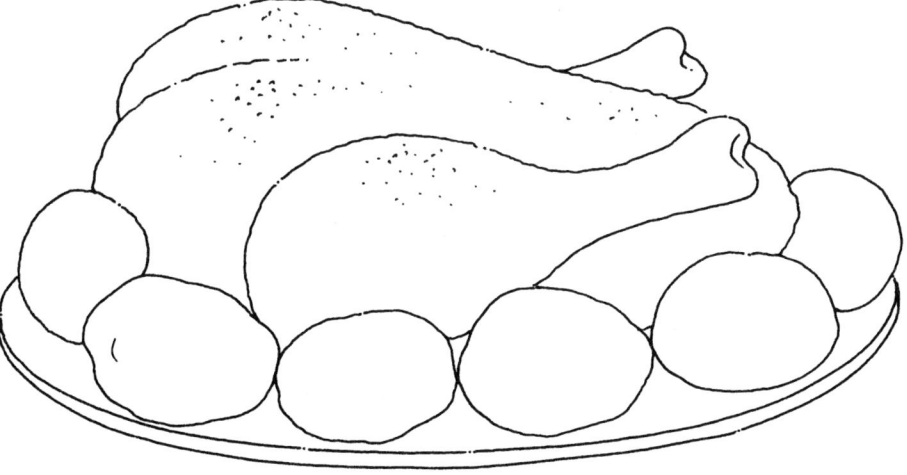

© Verlag an der Ruhr ☃ Postfach 10 22 51 ☃ 45422 Mülheim an der Ruhr ☃ www.verlagruhr.de ☃ ISBN 978-3-8346-0208-6

Esel und Schaf

© Verlag an der Ruhr ♦ Postfach 10 22 51 ♦ 45422 Mülheim an der Ruhr ♦ www.verlagruhr.de ♦ ISBN 978-3-8346-0208-6

Erzengel und Hirte

© Verlag an der Ruhr ☆ ♒ Postfach 10 22 51 ☆ ♒ 45422 Mülheim an der Ruhr ☆ ♒ www.verlagruhr.de ☆ ♒ ISBN 978-3-8346-0208-6

Die Heiligen Drei Könige

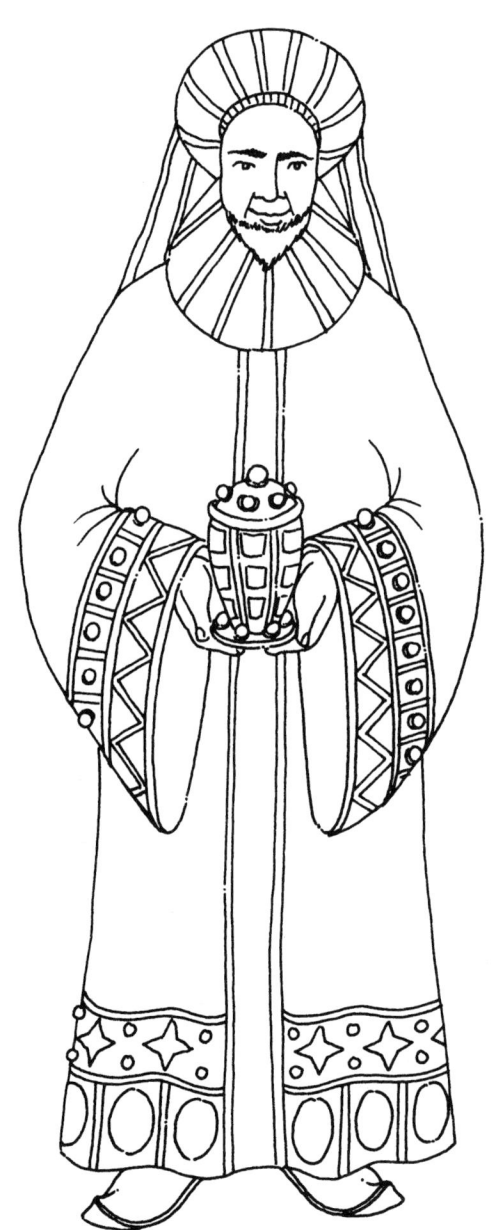

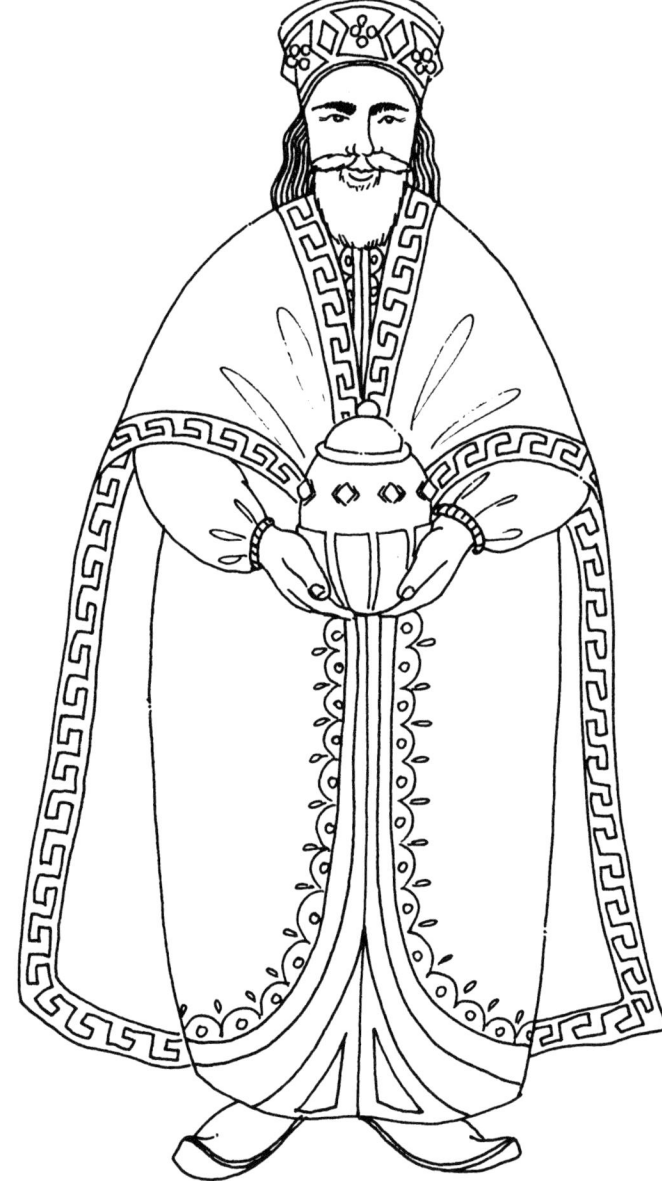

© Verlag an der Ruhr ⚓ Postfach 10 22 51 ⚓ 45422 Mülheim an der Ruhr ⚓ www.verlagruhr.de ⚓ ISBN 978-3-8346-0208-6

Rentier und Stechpalme

© Verlag an der Ruhr ✻ Postfach 10 22 51 ✻ 45422 Mülheim an der Ruhr ✻ www.verlagruhr.de ✻ ISBN 978-3-8346-0208-6

Weihnachtsbaum und Weihnachtsmann

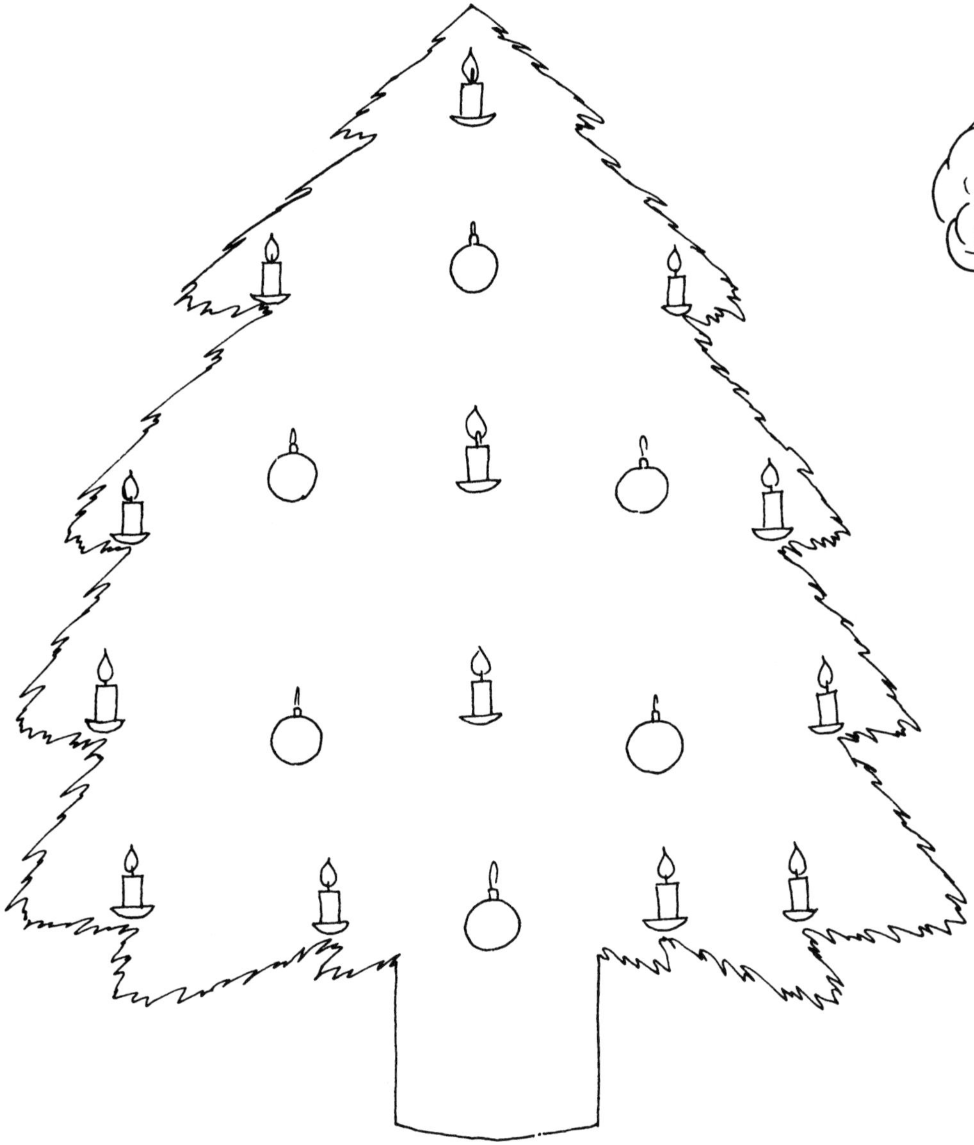

© Verlag an der Ruhr · Postfach 10 22 51 · 45422 Mülheim an der Ruhr · www.verlagruhr.de · ISBN 978-3-8346-0208-6

Krippe und Maria

© Verlag an der Ruhr ☆ ✆ Postfach 10 22 51 ☆ ✆ 45422 Mülheim an der Ruhr ☆ ✆ www.verlagruhr.de ☆ ✆ ISBN 978-3-8346-0208-6

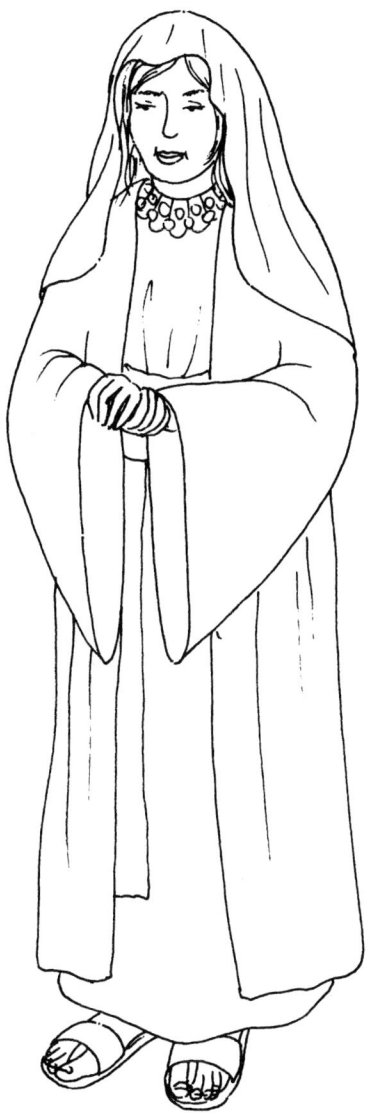

Strumpf und Christbaumkugel

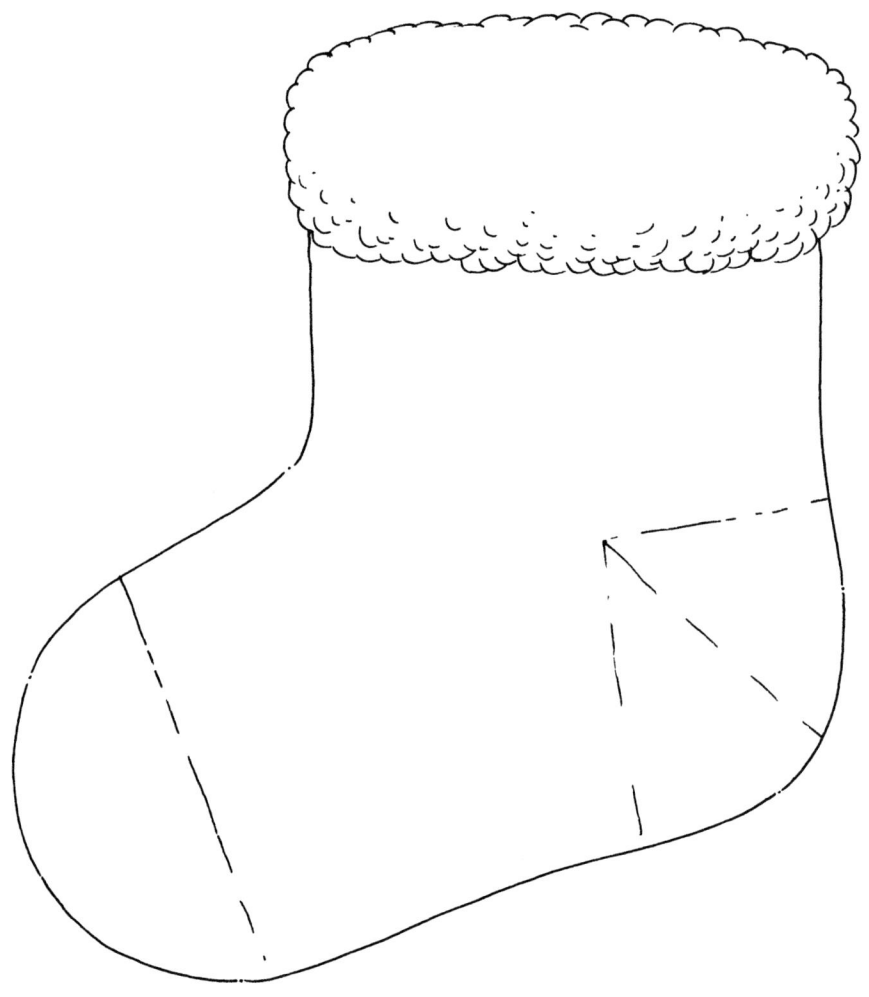

© Verlag an der Ruhr ☃ Postfach 10 22 51 ☃ 45422 Mülheim an der Ruhr ☃ www.verlagruhr.de ☃ ISBN 978-3-8346-0208-6

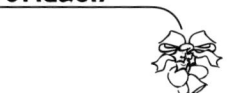

Stern und Kerze

© Verlag an der Ruhr ✻ Postfach 10 22 51 ✻ 45422 Mülheim an der Ruhr ✻ www.verlagruhr.de ✻ ISBN 978-3-8346-0208-5

Weihnachtspuzzle

★ Schneide die Formen aus und setze sie
zu einem Bild zusammen.

© Verlag an der Ruhr · Postfach 10 22 51 · 45422 Mülheim an der Ruhr · www.verlagruhr.de · ISBN 978-3-8346-0208-6

Arold, Marliese:
Hexe Winnie zaubert Weihnachten.
Sonne, Mond und Sterne. Oetinger Verlag, 2005.
ISBN 3-7891-0624-0

Baisch, Christa:
Der Klassen-Adventskalender.
Kinder basteln 24 Türchen zu einer Geschichte.
Verlag an der Ruhr, 2006.
ISBN 3-8346-0214-0

Göpner, Melanie; Willmeroth, Sabine:
Feste und Feiertage im Religionsunterricht: Nikolaus.
Verlag an der Ruhr, 2003.
ISBN 3-86072-817-2

Hannover, Heinrich:
Weihnachten im Zauberwald.
Gerstenberg Verlag, 2006.
ISBN 3-8067-5113-7

Härtling, Sophie (Hrsg.):
24 Weihnachtsgeschichten zum Vorlesen.
Fischer Taschenbücher Bd.85095 Fischer Schatzinsel.
Fischer Verlag, 2001.
ISBN 3-596-85095-9

Holland, Carola:
Das große Buch der Weihnachtslieder.
Mit Audio-CD. Betz Verlag, 2006.
ISBN 3-219-11276-5

Hund, Wolfgang:
Mandalas für die Weihnachtszeit.
Verlag an der Ruhr, 2006.
ISBN 3-8346-0207-8

Klein, Susanne (Hrsg.):
Warten auf Weihnachten. 24 Geschichten bis zum Heiligabend. Halbleinen. Oetinger Verlag, Neuaufl. 2004.
ISBN 3-7891-4016-3

Kohler, Monika:
Theater spielen zu Weihnachten.
Die Weihnachtsbotschaft für unsere Zeit.
Verlag an der Ruhr, 2001.
ISBN 3-86072-632-3

Moll, Brigitte; Rösgen, Anja; Willmeroth, Sabine:
Die Weihnachts-Werkstatt.
Verlag an der Ruhr, 1999.
ISBN 3-86072-469-X

Molls, Sandra:
Literatur-Kartei: „Hinter verzauberten Fenstern"
Eine Advents-Kartei.
Verlag an der Ruhr, 2005.
ISBN 3-8346-0000-8

Rettich, Magret:
Wirklich wahre Weihnachtsgeschichten. Alle Geschichten aus ‚Wirklich wahre Weihnachtsgeschichten' und ‚Neue wahre Weihnachtsgeschichten. Ueberreuter Verlag, Neuausg. 2001. ISBN 3-8000-2809-3

Schuler, Sabine (Hrsg.):
Das Ravensburger Buch der Advents- und Weihnachtsgeschichten. Ravensburger Buchverlag, 2006.
ISBN 3-473-34487-7

Weihnachtsbriefpapier.
Verlag an der Ruhr, 2006.
Best.-Nr. 60217

Winterbriefpapier.
Verlag an der Ruhr, 2006.
Best.-Nr. 60218

Die schönsten Leselöwen-Weihnachtsgeschichten.
Mit Audio-CD. Loewe Verlag, 2006.
ISBN 3-7855-4555-X

Die schönsten Leselöwen Weihnachtsgeschichten.
Loewe Verlag, 2005.
ISBN 3-7855-5531-8

Bücher für die pädagogische Praxis

Verlag an der Ruhr

www.verlagruhr.de

Dekorieren

Lernen

Basteln

Werkstatt Jahreszeiten

Die Weihnachts-Werkstatt

Brigitte Moll, Anja Rösgen,
Sabine Willmeroth
Kl. 2–4, 62 S., A4, Papph.
ISBN 3-86072-469-X
Best.-Nr. 2469
19,50 € (D)/20,– € (A)/34,20 CHF

Erste Texte mit Mini-Büchern

Gestaltungsideen für die Schuleingangsphase
Paul Johnson
5–7 J., 64 S., A4, Pb., vierfarbig
ISBN 3-8346-0005-9
Best.-Nr. 60005
18,– € (D)/18,50 € (A)/31,50 CHF

Schön präsentieren mit Mini-Büchern

30 Gestaltungsideen für Arbeitsergebnisse
Paul Johnson
Kl. 1–4, 62 S., A4, Pb. (mit vierf. Abb.)
ISBN 3-86072-887-3
Best.-Nr. 2887
18,– € (D)/18,50 € (A)/31,50 CHF

Mandalas für die Weihnachtszeit

Wolfgang Hund
Kl. 1–4, 44 S., A4, Heft
ISBN 3-8346-0207-8
Best.-Nr. 60207
13,– € (D)/13,40 € (A)/22,80 CHF

Theater spielen zu Weihnachten

Die Weihnachtsbotschaft für unsere Zeit
Monika Kohler
Kl. 3–7, 174 S., 16 x 23 cm, Pb.
ISBN 3-86072-632-3
Best.-Nr. 2632
16,– € (D)/16,45 € (A)/28,– CHF

Fleißkärtchen für Kinder

Edition – Christiane Fürtges
6–12 J., 60 Karten, 10 versch. vierf. Motive,
5 x 7 cm, beidseitig bedruckt, in stabilem Etui
ISBN 3-86072-889-X
Best.-Nr. 2889
4,50 € (D)/4,65 € (A)/8,10 CHF

Ausschneiden und Gestalten für Kinder

Dekorationsvorlagen Feste und Feiertage

Susanne Schaadt
4–7 J., 42 S., A4, Heft, mit vierfarb. Abb.
ISBN 3-8346-0206-X
Best.-Nr. 60206
13,– € (D)/13,40 € (A)/22,80 CHF

Ausschneiden und Gestalten für Kinder

Dekorationsvorlagen Herbst-Winter

Susanne Schaadt
4–7 J., 41 S., A4, Heft, mit vierfarb. Abb.
ISBN 3-8346-0134-9
Best.-Nr. 60134
13,– € (D)/13,40 € (A)/22,80 CHF

40 handgezeichnete Mandalas

Brita Meoli-Meier
Kl. 1–4, 48 S., A4, Heft
ISBN 3-8346-0146-2
Best.-Nr. 60146
13,50 € (D)/13,90 € (A)

(Vertrieb in der Schweiz:
ZKM-Verlag, Winterthur)

Verlag an der Ruhr   Postfach 10 2251 • D–45422 Mülheim an der Ruhr • Tel.: 0208/439 54 50 • Fax: 0208/439 54 239 • E-Mail: info@verlagruhr.de